Zur Reform

der

Deutschen Rechtsanwaltschaft

nebst

Anhang

enthaltend

Einige Bemerkungen über Armenrecht und Gebührenwesen

von

Dr. Alfred von Weinrich.

Motto: „In der Beschränkung zeigt sich erst der Meister." Goethe.

Straßburg.
Verlag von Karl J. Trübner.
1891.

Vorwort.

Vor drei Jahren wurde durch einen österreichischen Advokaten, Namens Prischl,*) eine Schrift veröffentlicht, welche geeignet war, in Fachkreisen Aufsehen zu erregen, indem sie für die Ordnung der deutschen Advokaturverhältnisse sehr weitgehende und durchaus nicht ohne Weiteres von der Hand zu weisende Vorschläge enthielt. Eine Untersuchung derselben erscheint also naheliegend.

Unter Zuhilfenahme der einschlägigen Litteratur und gestützt auf die Erfahrungen einer fünfzehnjährigen Anwaltspraxis habe ich denn auch den Versuch gemacht, diesen Vorschlägen näher zu treten und zu prüfen, ob dieselben und in wie weit sie für unsere deutschen Verhältnisse geeignet und durchführbar oder ob nicht vielmehr, zum Theil wenigstens, andere Wege zur Hebung der deutschen Advokatur einzuschlagen sind. Die durch Prischl eröffnete Discussion soll also hier weiter geführt werden, und wünsche ich, daß diese kleine Schrift die deutschen Rechtsanwälte und die Freunde

*) Advokatur und Anwaltschaft. Ihr Wesen, ihre Ziele und ihr Verhältniß zu den rationellen Grundlagen des Civilproceßes in vergleichender und geschichtlicher Darstellung. Berlin 1888. Puttkamer und Mühlbrecht. 496 Seiten.

unseres Standes anregen möge, die Erörterungen fortzusetzen, damit in Folge der durch den Austausch der Meinungen gewonnenen Abklärung solche Einrichtungen geschaffen werden, welche der deutschen Rechtsanwaltschaft, die sich leider noch nicht des gebührenden Ansehens erfreut, eine wahrhaft würdige Stellung zu gewähren vermögen.

Daß diese Arbeit völlig sachlich gehalten und daß, wo es nothwendig erschien, Thatsachen als Belege für vorhandene Mißstände anzuführen, alles Persönliche und jede nähere Bezeichnung strenge vermieden wurden, braucht wohl kaum hervorgehoben zu werden.

September 1891.

Der Verfasser.

Inhalts-Verzeichniß.

Anhang.

§ 1. Einleitung.

Mit dem 1. Oktober 1879 ist im deutschen Reiche die freie Rechtsanwaltschaft insoweit eingeführt worden, daß von besonderen Gründen abgesehen (§§ 5 u. 6 R. A. O.), Jeder, welcher die Fähigkeit zum Richteramt erworben, bei den Gerichten desjenigen Bundesstaates, in welchem er die jene Fähigkeit verleihende Prüfung bestanden hat, auf seinen Antrag zur Rechtsanwaltschaft zugelassen werden muß (§ 4 R. A. O.). Damit ist der Grundsatz der freien Concurrenz auch für die Rechtsanwaltschaft in den einzelnen Bundesstaaten angenommen worden, welcher den meisten derselben bisher unbekannt war. Daß dieses Hineintragen der freien Concurrenz in einen Stand, dessen wesentlichste Existenzgrundlagen Diskretion und Ehrenhaftigkeit bilden, für denselben nicht ganz ungefährlich sein konnte, liegt auf der Hand. Man war sich zur Zeit der Einführung der Anwaltsordnung dessen auch bewußt, glaubte aber, daß die freie Concurrenz selbst hier regulirend wirke und namentlich die Ehrengerichte in strenger Handhabung der Disciplin das nothwendige Correlat jener Freiheit bilden würden.[1] Trotz der allgemein als segensreich anerkannten und von competenter Seite rühmend hervor-

[1] Siegeth: Die Rechtsanwaltsordnung vom 1. Juli 1878, I. Theil, S. 11.

gehobenen Wirksamkeit der Ehrengerichte[2] läßt sich das Vorhandensein von Uebelständen nicht leugnen, welche in den größern Städten durch Ueberfüllung mit Anwälten hervorgerufen werden, während auf dem Lande sich Mangel an solchen zeigt; wennschon in neuerer Zeit ein größerer Andrang von Rechtsanwälten auch nach kleineren Orten sich bemerkbar macht.[3] Es wird ferner darüber geklagt, daß in der Rechtsanwaltschaft sich ein gewisser Handwerksgeist breit mache und der „Amerikanismus" dort immer weitere Kreise ziehe.[4]

Diese Verhältnisse haben denn auch schon die Aufmerksamkeit der Regierungen auf sich gelenkt und sind dieselben vorzugsweise darauf bedacht, den Andrang nach den großen Städten auf Kosten des platten Landes nach Kräften einzudämmen. So besteht in Preußen die Praxis, denjenigen Rechtsanwälten, welche sich in kleinern Orten niederlassen, das Notariat zeitiger zu verleihen, als sonst zu geschehen pflegt, und beruht das Gesetz über die Vereinbarkeit des Notariats mit der Rechtsanwaltschaft in der Rheinprovinz ebenfalls auf der Idee, Rechtsanwälte nach kleinern Plätzen zu bekommen. Ferner soll durch den im Jahre 1886 dem Reichstag vorgelegten Entwurf eines Gesetzes über die Abänderung von Bestimmungen der Gebührenordnung für Rechtsanwälte nach den Motiven zu diesem Entwurf[5] durch Herabsetzung der Gebühren der Anreiz zur Ergreifung des Anwaltsberufs vermindert werden. Sodann hat

---

[2] So heißt es in dem Bericht des Justizministers über die Rechtspflege in Preußen, pro 1882—1887: „Endlich darf ich mit Genugthuung davon Zeugniß ablegen, daß die Vorstände der Anwaltskammern die ihnen beiwohnende Befugniß zur Aufsicht und der ehrengerichtlichen Strafgewalt über die Mitglieder der Kammern überall mit Ernst und Strenge üben." Juristische Wochenschrift von 1888, Nr. 1 u. 2 (S. 8).

[3] Ebendaselbst.

[4] Handwerksgeist in der Rechtsanwaltschaft in Fleischers: Revue der Gegenwart, 1889, Bd. 2, S. 109; Stommel: Sachwaltung oder Skandalproceß? Düsseldorf 1890, S. 39.

[5] Beilage zu Nr. 13—15 der juristischen Wochenschrift von 1887, S. 5.

die preußische Justizverwaltung die Kammervorstände zu einer gutachtlichen Aeußerung darüber aufgefordert, ob es sich empfehle, im Wege der Gesetzgebung die jetzt vorhandene unbeschränkte Freiheit der Advokatur auf engere Grenzen zurückzuführen, namentlich dadurch, daß der Justizverwaltung das Recht einzuräumen sei, die Niederlassung eines Rechtsanwalts bei einem Gerichte unbedingt zu versagen, wenn durch übereinstimmendes Gutachten des Oberlandesgerichts und des Vorstandes der Anwaltskammer das Bedürfniß der Niederlassung eines Rechtsanwalts an jenem Gerichte verneint werde. Die Ansichten der Vorstände in diesem Punkte waren getheilt. Doch hat sich, wie es scheint, die Mehrzahl derselben gegen eine solche Aenderung erklärt.[6]

Auch die Wortführer des deutschen Anwaltsvereins haben sich dagegen ausgesprochen, indem sie die Entwickelung, welche die Rechtsanwaltschaft seit den letzten zehn Jahren genommen hat, als eine befriedigende ansehen. So heißt es in der Neujahrsbetrachtung der juristischen Wochenschrift pro 1890: „Indem wir uns vorbehalten, nach Fertigstellung des vollständigen Materials über die Verhältnisse der Anwaltschaft in diesem Zeitraum" (seit den letzten zehn Jahren) „dieselben eingehend zu betrachten, dürfen wir mit Befriedigung konstatiren, daß die Befürchtungen, welche an die Zahl der Anwälte vielfach geknüpft worden, sich im Wesentlichen als grundlos erwiesen haben. Ist auch das Bedürfniß nach Anwälten an manchen Orten von denen, die ihre Zulassung nachsuchten, überschätzt worden, mag in manchen Fällen aus Unerfahrenheit unrichtig gehandelt, in manchen schwer gefehlt sein, so darf doch gesagt werden, daß das Gesammtbild der zehnjährigen Entwickelung zu der Hoffnung berechtigt, die Anwaltschaft werde die Gefahren, die jede neue Entwickelung mit sich bringt, allein und verhältnißmäßig bald überwinden."

---

[6] Uebersicht über die Jahresberichte der Vorstände der Anwaltskammern. October 1886, S 6.

Dagegen fehlt es nicht an Verbesserungsvorschlägen in der Litteratur. So hat Landgerichtspräsident Werner in Halle im vorigen Jahre eine Brochüre[7] veröffentlicht, worin er anknüpfend an die oben erwähnten Bestrebungen der preußischen Regierung, unter Verwerfung des numerus clausus, die Zulassung der Rechtsanwälte bei den Collegialgerichten und bei den an deren Sitz befindlichen Amtsgerichten von einer fünfjährigen Anwaltspraxis oder einer dreijährigen Anstellung als Richter oder Staatsanwalt oder aber von dem Verflossensein eines Zeitraumes von acht Jahren seit der zweiten juristischen Prüfung abhängig gemacht wissen will.

Auch eine Verstaatlichung der Advokatur in Verbindung mit Anwaltszwang an allen Gerichten hat man zur Beseitigung bestehender Mißstände in Vorschlag gebracht.[8] Kein Geringerer als der bekannte Criminalist Geyer hat dies für die Strafrechtspflege, wenn auch aus andern Gründen, in Gestalt eines ständigen Vertheidigeramtes befürwortet.[9]

Mehr Beachtung verdient der Vorschlag von Prischl, gleichwie in Frankreich und England auch im deutschen Reiche die Advokatur von der Anwaltschaft zu trennen.[10] Er sieht darin die einzige Möglichkeit, der Advokatur auch bei uns dieselbe geachtete Stellung einzuräumen, welche sie in jenen Ländern einnimmt.

Es frägt sich nun, ob zu diesem Zwecke wirklich eine solch' radikale, die ganze gegenwärtige Parteivertreterstellung in Deutschland umgestaltende Maßregel nothwendig erscheint, oder ob nicht der

---

[7] Die freie Anwaltschaft in Preußen. Halle 1890, S. 23.

[8] Stein: Die Verstaatlichung der Advokatur. Berlin 1885.

[9] Dieser Vorschlag wurde aufgegriffen von Fuld, in der juristischen Wochenschrift, Nr. 6 u. 7 von 1888 (S. 55).

[10] Advokatur und Anwaltschaft. Ihr Wesen, ihre Ziele und ihr Verhältniß zu den rationellen Grundlagen des Civilprocesses in vergleichender und geschichtlicher Darstellung. Berlin 1888. Puttkammer und Mühlbrecht 496 Seiten.

gedachte Zweck durch Anknüpfung an das bestehende Recht und dessen Fortbildung unter Ausscheidung aller der Rechtsanwaltschaft fremden Elemente aus derselben erreicht werden kann. Zu diesem Behufe soll von der Aufgabe der Rechtsanwaltschaft ausgehend, vor Allem der Frage näher getreten werden, ob denn die deutsche Rechtsanwaltschaft die Vereinigung mit andern ihrem Wesen fremden Thätigkeiten, ebensowie die Concurrenz mit einem Gewerbe fürderhin noch ertragen kann, ohne die allerschwerste Schädigung zu erleiden. Sodann soll die Frage der Trennung der Advokatur von der Anwaltschaft untersucht — und darauf zu den Vorschlägen übergegangen werden, welche dem Verfasser außer jener Ausscheidung fremder Elemente und der Abgrenzung des Arbeitsgebietes zwischen Rechtsanwalt und Rechtsconsulenten weiter noch für das Gedeihen des Berufes nothwendig scheinen. An die eigentliche Arbeit werden sich als Anhang: Erörterungen über Armenrecht und Gebührenwesen anreihen, deren Regulirung von so großer Bedeutung für das Ansehen des Anwaltsstandes sind.

I. Die Aufgabe der Rechtsanwaltschaft und ihre Unvereinbarkeit mit andern Thätigkeiten.

1.

§ 2. Die Aufgabe der Rechtsanwaltschaft und die allgemeinen Voraussetzungen zu ihrer Erfüllung.

Die Aufgabe des Rechtsanwalts[1] besteht in der Geltendmachung der Rechte des Individuums sowohl andern Individuen, als auch der Gesammtheit gegenüber. Das Wesen seines Berufs liegt also

[1] In diesem Abschnitt wird zwischen Advokat und Anwalt noch nicht unterschieden.

im Kampf um's Recht. Man hat daher denselben mit dem Krieger verglichen, wie es in l. 14. cod. div. jud. 2. 7 heißt: Nec enim solos nostro imperio militare credimus illos, qui gladiis, clypeis et thoracibus nituntur, sed etiam advocatos militant namque causarum patroni, qui gloriosae vocis confisi nunimine laborantium spem, vitam et posteros defendunt.[2] Passender scheint mir jedoch der Vergleich mit dem Parteipolitiker, insbesondere dem Parlamentarier zu sein, den Carré[3] zieht, indem er sagt: „Si le juge sur son tribunal me paraît revêtu de la majesté royale, distribuant la justice au peuple, l'avocat dans ses fonctions me semble à son tour le député de ce peuple entier, réclamant cette justice pour un de ses membres.“ Wie der Parlamentarier bestrebt ist, die Anschauungen bestimmter Gruppen der Bevölkerung, die wir mit dem Ausdruck: politische Parteien bezeichnen, im Staatsleben zur alleinigen Geltung zu bringen und zu diesem Zweck einen Kampf mit den seiner Partei entgegentretenden Bestrebungen anderer Parteien führt, so sucht der Rechtsanwalt den Ansprüchen seines Clienten im Rechtsleben zum Siege zu verhelfen. Zur Durchführung dieser Aufgabe bedarf er bestimmter geistiger und moralischer Eigenschaften. Es sind dies Rechtskenntnisse und zwar müssen dieselben denen des Richters mindestens gleich sein, allgemeine Bildung, Lebenserfahrung, Entschiedenheit und Festigkeit des Charakters, Geschick sich in öffentlicher Versammlung zu bewegen und eine gewisse rednerische Begabung. Hauptsächlich aber muß der Rechtsanwalt durchaus ehrenhaft von Charakter und von lauterer Gesinnung erfüllt sein.

Zu einem segensreichen Wirken bedarf derselbe ferner eines großen socialen Ansehens. Mit Recht sagt Gneist in den Debatten

---

[2] Vgl. auch Cicero de L. Murena, cap. 9.

[3] Les lois de l'organisation de la compétence. Paris 1826. I. 391, abgedruckt bei Prischl, a. a. O., S. 5.

des siebenten deutschen Juristentages: „Will man den Advokaten zu dem machen, was er sein soll, so muß man ihn hochstellen, man kann ihn gar nicht hoch genug stellen.“[4] Und Mittermaier[5] erzählt uns von einem Anwalt, „der wegen seines Charakters ein solches Ansehen bei den Richtern genoß, daß bei ihnen schon eine günstige Meinung für die Partei sich bildete, deren Proceß dieser Anwalt übernahm, weil man wußte, daß er nur den vertheidigte, von dessen Recht er überzeugt war, während zugleich es dahin kam, daß nur selten eine Partei, die sich nicht ihres Rechtes bewußt war, es wagte, seinen Beistand anzurufen; die Partei aber, deren Vertheidigung er übernahm, sicher war, daß der Anwalt mit Energie und Muth, aber auch nur mit gesetzlichen Mitteln ihr Recht vertheidigte.“

Ein weiteres Lebenselement für die Rechtsanwaltschaft ist Freiheit und Unabhängigkeit, was bei deren Verstaatlichung fehlen würde, weshalb diese, von andern Gründen abgesehen, denn auch absolut unzulässig erscheint. Ohne diese Eigenschaften kann die Thätigkeit des Rechtsanwalts keinen Erfolg haben und sind Beschränkungen dieser Freiheit nur in soweit statthaft, als solche zu einer gedeihlichen Rechtspflege nothwendig erscheinen. Denn ist die Rechtsanwaltschaft ein freier Beruf, so ist sie auch gleichzeitig ein Organ der Rechtspflege, das als solches die Aufgabe hat, dem Richter bei Findung des Rechts die nöthige Unterstützung zu gewähren und zu diesem Zwecke sich einer gewissen Ordnung unterwerfen muß. Denn ohne solche würde die richterliche Thätigkeit in ihrer Wirksamkeit gehemmt und aufgehalten, was der Partei, ebensowie der Rechtsanwaltschaft selbst zum Schaden gereichen würde, da sie sonst nicht in der Lage wäre, an der Verwirklichung des Rechts in richtiger Weise mitzuwirken. In keiner Weise ist aber der Rechtsanwalt vom

[4] Verhandlungen, Bd. 2, S. 319.

[5] Archiv für civilistische Praxis, Bd. 44, S. 396.

Gericht abhängig. Weder als Advokat, noch als Anwalt ist nach dem Stande unserer heutigen Proceßgesetzgebung und der Rechtsanwaltsordnung der Rechtsanwalt ein Untergebener des Richters, ebensowenig, wie man vom Prokurator früher annahm,[6] eine Nebenperson des Gerichts. Der Rechtsanwalt steht als Parteivertreter dem Richter selbstständig gegenüber, dessen Urtheil er fordert, nicht erbittet. Aus demselben Grunde muß aber auch jeder Einfluß des Richters auf die Erwerbslage des Rechtsanwalts ausgeschlossen sein. Andernfalls könnte dieser nicht mit der nöthigen Unbefangenheit die Ansprüche seiner Partei dem Richter gegenüber vertreten.

2. Ihre Unvereinbarkeit mit andern Thätigkeiten.

§ 3. Im Allgemeinen.

Im Vorstehenden wurde darzuthun versucht, daß der Rechtsanwalt eine bestimmte Aufgabe in Rechtsleben zu erfüllen hat und daß hierfür gewisse Eigenschaften unentbehrlich sind. In Erfüllung dieser seiner Aufgabe kann er gestört werden und jene Eigenschaften können Schaden leiden, je nachdem der Rechtsanwalt nebenher noch andere Verrichtungen vorzunehmen hätte. Es ist ein alter Erfahrungssatz, daß je ungestörter Jemand in seinem Berufe thätig zu sein vermag, desto bedeutendere Leistungen er in demselben aufzuweisen haben wird. Darauf beruht das Princip der Arbeitstheilung, das mit fortschreitender Cultur immer mehr Bedeutung erlangt.

In hervorragendem Maße ist die Arbeitstheilung für den Rechtsanwaltsberuf von Wichtigkeit. Namentlich läßt das mündliche Verfahren dem Anwalt nicht so viel Zeit, sich noch mit andern Dingen zu beschäftigen. Dasselbe fordert nicht nur größere Intensität der

---

[6] v. Ramdohr: Ueber die Organisation des Advokatenstandes in monarchischen Staaten. Hannover 1801, Seite 136.

Arbeit und das Einsetzen der vollen Persönlichkeit für die Sache, sondern es geht noch eine Menge Zeit durch das Abwarten der Termine verloren. Die Zeit hat also gegenwärtig eine größere Bedeutung für den Rechtsanwalt, als früher, denn nicht nur muß er auf das Bearbeiten der einzelnen Processe mehr Zeit verwenden, sondern er muß auch die Zeit ersetzen, die ihm nutzlos in den Sitzungen verstreicht.

Nun wird allerdings kein Beruf mehr durch anderweitige Thätigkeit in Anspruch genommen, als der des Rechtsanwalts. Zunächst sind es eine Menge von Ehrenämtern, die häufig Rechtsanwälten angetragen werden. Gegen die Annahme solcher Aemter wird, zumal deren Ausübung unentgeltlich und in der Regel auf Grund staatsbürgerlicher Rechte erfolgt, sich nichts einwenden lassen, namentlich nicht gegen den der Rechtsanwaltschaft verwandten Beruf des Parlamentariers (S. 6), insbesondere da derselbe nur periodisch ausgeübt wird. In einzelnen Fällen, wie z. B. bei Bürgermeisterstellungen, können allerdings Collisionen eintreten, wenn es sich um Processe gegen Gemeindeangehörige handelt, und haben in Folge dessen einige Staaten den als Bürgermeister fungirenden Rechtsanwälten die Annahme solcher Processe verboten.

Bei andern Berufsstellungen kommt es darauf an, ob die Berufsthätigkeit eine sehr umfangreiche oder eine die Aufgabe der Rechtsanwaltschaft erschwerende ist. In beiden Fällen können solche Berufsthätigkeiten nicht gleichzeitig mit der Rechtsanwaltschaft ausgeübt werden. Namentlich gilt dies vom Geld- und Maklergeschäften und der Verwaltung fremden Vermögens, weil dadurch sowohl die für den Rechtsanwaltsberuf so nothwendige ideale Gesinnung Schaden leidet,[1] als auch

---

[1] v. Ramdohr: a. a. O., S. 236. Gans: Von dem Amte der Fürsprecher vor Gericht. 2. Aufl. Celle 1827, S. 220. Prischl: a. a. O., S. 356 ff.

Hantirungen damit verbunden sind, welche sich mit jenem Berufe nicht vertragen.[2]

In Deutschland wird vielfach das Notariat und die Geschäftsagentur mit der Rechtsanwaltschaft verbunden. Ihre absolute Unvereinbarkeit mit derselben soll nun im Folgenden nachgewiesen werden.

§ 4. Mit dem Notariat.

Die Frage, ob das Notariat von der Rechtsanwaltschaft, da wo es sich mit derselben vereinigt findet, getrennt werden soll, beschäftigte bereits den vierten deutschen Juristentag. Drei der darüber erstatteten Gutachten sprachen sich hauptsächlich wegen der Verschiedenheit der Stellung eines Parteivertreters und einer Urkundsperson, als welche der Notar angesehen werden muß, für die Trennung aus.[1] „Kann," sagt einer derselben, Obertribunalsrath Faber in Stuttgart, „das Vertrauen des Publikums in diesem Punkte ein volles, rückhaltloses sein, wenn der Notar der Kenner so vieler intimer Familien- und Geschäftsverhältnisse, der Bewahrer so vieler bedeutsamer Urkunden täglich in seinem Advokatenberufe den einseitigen Parteiinteressen seine Dienste leiht und zu leihen befugt ist?" „Weil aber das Vertrauen des Publikums darunter leide, leide auch das Notariat und würden gesetzliche Bestimmungen, wornach dem Notar, welcher als Advokat in einer Sache bereits einer Partei Dienste geleistet oder nur zugesagt, in dieser Sache als Notar zu fungiren, verboten ist,[2] nicht von großem Erfolge begleitet sein. Die

---

[2] Nicht aber mit fremder Vermögensverwaltung darf die Lebensstellung als juristischer Rathgeber bei einem größern Unternehmen verwechselt werden, in welcher die Rechtsanwaltschaft lediglich zu dem Zwecke ausgeübt wird, die Processe der Unternehmung auch selbst führen zu können. Entsch. des Ehrengerichtshofs, Bd. I, Nr. 4.

[1] Verhandlungen, Bd. I, S. 49 ff., 76, 343 ff.

[2] Preuß. Not.-Gesetz § 6. Hannöversche Notariatsordnung § 27, Ziff. 3. Sächsische Notariatsordnung § 11, Ziff. 6.

Grenze des Verbots sei eine völlig unsichere und vermeide darum keineswegs Collusionen.[3] Störend würde ferner für das Notariat das mündliche Verfahren wirken, das den Notar in den Geschäftsstunden aus der Schreibstube in den Gerichtssaal ziehe. Aber auch die Advokatur leide unter dem Beamtencharakter des Notariats, indem dieser jener nicht die nöthige Unabhängigkeit gewähre." Aehnlich sprach sich ein anderer Gutachter, Notar Euler in Düsseldorf, aus. Er hebt besonders die Verschiedenheit beider Berufe hervor und bezeichnet als ein Haupthinderniß in beiden Berufen mit gleichem Erfolg thätig zu sein die einseitige Richtung, welche sich in dem einen Berufe so leicht ausbildet. „Für den Anwalt," heißt es dort, „wird es besonders schwierig sein, einen Hauptzweck der notariellen Urkunde zu erreichen, nämlich den, dieselbe in gleichem Interesse aller Betheiligten aufzunehmen." Der Juristentag beschloß dann, daß das Notariat von der Rechtsanwaltschaft getrennt werden soll.[4] In demselben Sinne sprach sich der Anwaltstag zu Cöln aus, welcher über die Grundlagen der Rechtsanwaltungsordnung berieth.

Wenn trotzdem diese Trennung in die Anwaltsordnung nicht aufgenommen wurde, so mag dies, zum Theil wenigstens, auf die Autorität von Gneist zurückzuführen sein. In seiner bekannten Schrift über die freie Advokatur[5] spricht er sich für die Vereinigung beider Funktionen aus, „weil sie dem Advokaten die schätzenswerthe Praxis der Cautelarjurisprudenz, dem Notar die wissenschaftliche

---

[3] Vgl. über verschiedene Zweifel bei Interpretation des § 6 die Noten bei Kühne und Sydow: Die preußischen Gesetze betreffend das Notariat. Berlin und Leipzig 1880. — Selbst die Anwendung der Gebührenordnung bietet in manchen Fällen große Schwierigkeiten über die Frage, ob Jemand als Rechtsanwalt oder als Notar zugezogen wurde. Es wird dies von dem Vorstande der Breslauer Anwaltskammer in seinem Jahresberichte pro 1884 ausdrücklich hervorgehoben. Vgl. Uebersicht über die Jahresberichte der Anwaltskammern, Seite 6 der Beilage zu Nr. 35 der juristischen Wochenschrift von 1885.

[4] Verhandlungen, Bd. 2, S. 321.

[5] Freie Advokatur. Die erste Forderung aller Justizreform in Preußen. Berlin 1867, S. 92.

Auffassung seines Berufes, die Garantie gegen den leider oft handwerksmäßigen Betrieb des Notariats gewähre. Die Trennung sei in kleinen Orten und unter vielen Umständen doch nicht ausführbar. Die Hauptsache bleibe, gewohnte Verhältnisse nicht ohne Noth zu stören, und empfehle es sich, wo so viele neue Existenzen zu begründen seien, wie in einer freien Advokatur, keine Nahrungsquelle durch Scheidungen zu verstopfen.“ Besonders mit Rücksicht auf die Gefahren der freien Advokatur und um Anwälte nach kleinen Orten zu bekommen, will man in Preußen nichts von der Trennung wissen und hat man in der Rheinprovinz, wo sie zu Recht bestanden hat, dieselbe aufgehoben (vgl. Seite 2).

Allein abgesehen davon, daß der zuletzt erwähnte Zweck auch noch auf andere Weise erreicht werden kann, wovon später die Rede sein wird, so wäre jedenfalls die Vereinigung auf die Amtsgerichtsanwaltschaft, wo wegen des geringern Geschäftsumfanges auch die Collusionsgefahr eine geringere ist, zu beschränken, wenngleich auch dies nicht ganz unbedenklich sein würde. An und für sich ist der Notar Urkundsperson und besteht seine amtliche Thätigkeit darin, dem Willen der Parteien legalen Ausdruck zu gewähren. Allein der Umstand, daß auf dessen Bureau Rechtsgeschäfte oftmals von bedeutendem Umfange zum Abschluß gelangen, hat der Notar noch außerdem eine Reihe von Handlungen vorzunehmen, welche mit der Beurkundung nichts zu thun haben. So hat er z. B. bei Verträgen über Immobilien nicht bloß Erkundigungen über die Beschaffenheit des Grundstückes einzuziehen, sondern er hat auch nicht selten die Aufgabe, sich nach einem Liebhaber für dasselbe umzusehen und außerdem noch auf Anfragen verschiedenerlei Auskünfte zu ertheilen. Dadurch wird er selbst zum Vermittler. Ferner werden auf dem Bureau des Notars Einzahlungen von weit höheren Beträgen, als auf dem eines Rechtsanwalts gemacht. Während bei Processen größere Zahlungen sehr häufig an den Gerichtsvollzieher erfolgen, werden solche an die Notare aus den Geschäften, welche sie vermitteln, und da, wo dieselben Wechsel protestiren, auch aus solchen geleistet. Mit der Vermittlerthätigkeit und dem größern Geldverkehr ist aber der Weg zum Geschäftsmann bereits vorgezeichnet. In England und Frankreich hat sich denn diese Richtung auch schrankenlos entwickelt.

In England gehören die öffentlichen Notare, welche Wechsel protestiren und Urkunden seerechtlicher Natur aufnehmen, zur Gilde der Geldmäkler (Scriveners).[6] Außerdem werden dort noch Notariatsgeschäfte durch die vollständig nach kaufmännischer Art arbeitenden Solicitors[7] besorgt.

In Frankreich sind die Notare die Bankiers des creditbedürftigen Landvolks geworden. Der hoch entwickelte Geldverkehr gab zu mannichfachen Spekulationen seitens der Notare Anlaß, was zu allerlei Unzuträglichkeiten führte.[8] Ueber das Verhältniß der Notare zum Publikum sowie deren ganzen Geschäftsbetrieb geben die

---

[6] Gundermann: Richteramt und Advokatur in England. München 1869. S. 37.

[7] Fischel: Die Verfassung Englands. Berlin 1862, S. 219.

[8] So mehren sich u. A. die criminellen Verurtheilungen und die Zahlungseinstellungen der Notare in erschreckendem Maße. Versuche der Staatsgewalt gegen die Geldgeschäfte der Notare einzuschreiten, insbesondere die Ordonnanz vom 4. Januar 1843, welche in Art. 12 den Notaren das Ausleihen von Geldern in eigenem Namen verbot, hatten nur geringen Erfolg. Die Macht der Verhältnisse erwies sich als stärker. Anstatt selbst auszuleihen behalfen sich die Notare mit Strohmännern. Und so erklärt es sich denn, daß man in französischen Notariatsakten so häufig Notariatsschreiber und zahlungsunfähige Bauern als Darlehensgeber von zum Theil sehr hohen Beträgen findet. Durch eine Verfügung des französischen Justizministers vom 19. Oktober 1876 wurden die Generalprokuratoren angewiesen, besonders bei der Uebertragung von Notariats-Etüden die Existenz eines bankmäßigen Geschäftsbetriebs festzustellen und eine entsprechende Herabsetzung des Preises der Etüde, soferne dadurch dieser in die Höhe getrieben wurde, zu veranlassen. Auch aus Notariatskreisen selbst wurden Reformvorschläge gemacht, wornach den Notaren Bank- und Börsengeschäfte verboten und eine geordnete Buch- und Kassenführung verbunden mit strenger Revision durch die Notariatskammern Platz greifen sollte. Näheres darüber bei Franz: Zur Reform des Notariats in Elsaß-Lothringen. Straßburg 1886, S. 24.

Aeußerungen von Amiaud, eines Schriftstellers, der sich mit Reformvorschlägen bezüglich des Notariats beschäftigte,[9] sehr interessante Aufschlüsse, welche daher hier abgedruckt werden sollen. Es heißt dort (S. 25): „Depuis un demi siècle la fortune a pris un développement prodigieux . . . sous l'influence de cette transformation sociale, le notariat a subi des modifications profondes, il a vu sa mission s'étendre et ses devoirs se multiplier. Les contrats en effet, sont devenus plus nombreux et plus importants, les affaires plus variées et difficiles, les exigences plus grandes. Il s'est établi entre les clients et le notaire des rapports si intimes, des relations tellement fréquentes, que ce fonctionnaire n'est plus seulement aujourd'hui le magistrat de la jurisdiction volontaire chargé de donner l'authenticité aux conventions des parties, l'arbitre de leurs différends, le dépositaire de leur fortune en un mot: le gérant, l'homme d'affaires de sa clientèle." Bei dieser umfassenden so tief in das ganze Verkehrsleben eingreifenden Thätigkeit des Notars denkt in Frankreich denn auch Niemand im entferntesten daran, das Notariat mit der von ihm völlig verschiedenen Anwaltschaft oder der Advokatur zu vereinigen.

In Elsaß-Lothringen waren bei der Annexion dieselben Verhältnisse, wie in Frankreich. Durch eine Reihe von Gesetzen und Verordnungen[10] führte man in der That dort eine wesentliche Besserung derselben herbei. Man schaffte die Käuflichkeit der Stellen ab (§ 18 Gesetz vom 14. Juli 1871), verlangte akademische Bildung,[11]

---

[9] Études sur le notariat français, réformes et améliorations; vgl. dazu Franz, a. a. O., S. 6 u. 26 ff.

[10] Franz: Das Notariat in Elsaß-Lothringen. Sammlung der darauf bezüglichen Gesetze, Verordnungen und Verfügungen mit Anmerkungen. Straßburg, A. Schultz u. Comp.

[11] Darauf, daß in Frankreich sich das Notariat aus Schreibern (Clercs) rekrutirt, führt Amiaud, a. a. O., Seite 28, zum größten Theil dessen Verfall zurück; vgl. auch Franz, Reform, Seite 27.

wie im übrigen Deutschland (§ 16 cit. Ges. und Gesetz vom 23. März 1882) und erließ verschiedene Verordnungen gegen den Bankbetrieb und das Spekuliren der Notare.[12]

Im übrigen Deutschland haben die akademische Bildung der Notare und die erhöhte staatliche Beaufsichtigung derselben sehr Vieles hintangehalten und konnte sich bei uns das Notariat zu einem Geldgeschäft, wie in England und Frankreich, nicht entwickeln. Immerhin ist aber auch im deutschen Reiche der Notar der Vertrauensmann in Vermögensangelegenheiten, wie der Rechtsanwalt in zweifelhaften Rechtsfragen, und wird es bei zunehmender Entwickelung des wirthschaftlichen Lebens noch mehr werden, als gegenwärtig, weshalb schon unter diesem Gesichtspunkte die Verbindung des Notariats mit der Advokatur immer schwieriger werden muß! In der Rheinprovinz wird, wie uns Schlink[13] mittheilt, der Notar sehr häufig mit Erhebung der Kaufgelder der von ihm versteigerten Mo- und Immobilien beauftragt und ebenso gewöhnlich sei es, daß das Publikum ihm seine Baarschaften hintrage, um sie auf Hypotheken auszuleihen. Auch in der bayerischen Pfalz befassen sich nach von Bomhard[14] die Notare vielfach mit Ordnung der Vermögensangelegenheiten ihrer Klienten. Im rechtsrheinischen Deutschland, wo mit Ausnahme der süddeutschen Staaten, da wo das Notariat überhaupt besteht, dasselbe mit der Rechtsanwaltschaft verbunden ist, sind die Notare vielfach mit Vermögensverwaltungen

---

[12] Durch eine Verordnung vom 17. März 1886 wurde den Notaren sogar verboten, Geldbeträge über M. 500 länger als 6 Monate bei sich aufzubewahren, soferne nicht die Aufsichtsbehörde solches mit Rücksicht auf die besonderen Umstände des Falles ausdrücklich gestattet und falls in dieser Frist die Auszahlung an den Berechtigten nicht erfolgen kann, auf der Depositenkasse zu hinterlegen. Vgl. Franz: Reform, Seite 37.

[13] Commentar zur französischen Civilproceßordnung. Coblenz 1856, S. 147.

[14] Die Civilrechtspflege in der bayerischen Pfalz. München 1860, S. 51.

betraut und in Sachsen beschäftigen sie sich, gleich andern Rechtsanwälten, mit Agenturen und Geldnegoziationen.[15]

In Folge seiner Stellung als öffentliche Urkundsperson und wegen der von der Notariatsthätigkeit untrennbaren Besorgung fremder Vermögensangelegenheiten bedarf das Notariat der staatlichen Aufsicht. Diese ist aber mit der dem Rechtsanwalt für eine wirksame Thätigkeit so nothwendigen Freiheit und Unabhängigkeit (vgl. S. 7) unvereinbar.

Da der Rechtsanwalt und Notar durch das Wahrnehmen der Termine, das bei einem beschäftigten Anwalt von jedem Tag mindestens die Hälfte in Anspruch nimmt, und obendrein noch als Notar durch mancherlei Geschäfte, wie das Abhalten von Versteigerungen, die Aufnahmen von Wechselprotesten und Testamenten genöthigt wird, viel Zeit außerhalb des Hauses zu verbringen, so bleibt ihm eben nichts Anderes übrig, als die Anfertigung von Akten in zahlreichen Fällen den Bureauvorstehern zu überlassen. Wie unheilvoll eine solche Praxis wirkt, zeigt ein in den Entscheidungen des Ehrengerichtshofs[16] mitgetheilter Fall, wo ein Rechtsanwalt, weil er wegen Gebührenüberhebung aus dem Amte als Notar entlassen worden, als Anwalt eine Disciplinarstrafe erhielt. Diese Gebührenüberhebungen wurden lediglich durch den Bureauvorsteher bewirkt, dem sein Chef wegen Ueberlastung mit Anwaltsarbeiten — er hatte wegen Erkrankung seines Associés eine ausgedehnte Anwaltspraxis allein zu bewältigen und darauf 12—16 Arbeitsstunden täglich verwenden müssen — die Bearbeitung des Notariats ausschließlich überlassen hatte. Zu seiner Vertheidigung hob der betreffende Rechtsanwalt noch folgendes hervor: „Es sei bei den Notaren allgemeiner Gebrauch, daß den Bureaubeamten die Vorbereitung der Notariatsgeschäfte soweit übertragen werde, daß schließlich der Notar nur

[15] Beschorner: Aus einer fünfzigjährigen Anwaltspraxis. Dresden 1885, S. 46.

[16] Band 4, S. 133 ff.

noch eine Prüfung der verhandelten und aufgenommenen Akte eintreten lasse" (a. a. O., S. 140). Die durch den Umfang der Anwaltsthätigkeit herbeigeführte Gepflogenheit, die Notariatsgeschäfte Schreibern zu überlassen, ergibt sich übrigens auch aus einer Eingabe,[17] welche der Vorstand des Verbandes deutscher Bureaubeamten behufs Verbesserung der Lage der Anwaltsgehilfen an den deutschen Anwaltsverein richtete. Es heißt in diesem Schriftstück (a. a. O., S. 352): „Der Bureauvorsteher hat meist noch, wenn der Rechtsanwalt zugleich Notar, die Bearbeitung des Notariats. .... Es liegt demselben die Registerführung, die Anfertigung der Beglaubigungsklausel, die Aufstellung der Kostenrechnung, ja die Aufstellung von Notariatsinstrumenten selbst ob." „Es könnte," heißt es dann weiter, „für den Augenblick scheinen, als hätte ich bei dieser Aufzählung der Obliegenheiten der hiesigen (Berliner) Bureauvorsteher allzu sehr in das Arbeitsgebiet des Chefs hineingegriffen. Dem ist jedoch nicht so. Ich gehe nämlich ganz von der Betrachtung meiner eigenen Stellung aus, die derjenigen zahlreicher Collegen im diesseitigen Bezirk ähnlich ist, und ich weiß, daß der Chef vielfach überbürdet ist, da er den Vormittag mit Abwarten von Terminen zubringen und oft auch Geschäftsreisen machen muß, und dann wenig Zeit bleibt. Die Nachmittagsstunden werden mit Anfertigung schleuniger bez. wichtiger Schriftsätze und Conferenzen, der Abend wieder mit Schriftsätzen und Bearbeitung des Decernats ausgefüllt." Der oben mitgetheilte Fall und die in der Eingabe der Bureaubeamten erwähnten Thatsachen reden eine deutliche Sprache und beweisen zur Genüge, daß man zwei Herren nicht dienen kann. Und kann man es den Rechtsanwälten, die gleichzeitig Notare sind, verargen, wenn sie sich in Folge der durch die anwaltschaftliche Thätigkeit erzeugten Arbeitslast genöthigt sehen, das wichtige Notariat ihren Bureauvorstehern zu überlassen? Der

[17] Nr. 41 u. 42 der juristischen Wochenschrift von 1890, S. 349 ff.

Rechtsanwalt wird durch Uebertragung des Notariats mit einer Verantwortlichkeit belastet, die mit seiner Berufsthätigkeit absolut nichts zu thun hat und seine Stellung nur erschwert. Auch hierüber enthalten die Entscheidungen des Ehrengerichtshofs ein sehr lehrreiches Beispiel.[18] Ein Rechtsanwalt hatte den Bedingungen der von ihm als Notar vorgenommenen Versteigerung und der ihm bekannten Bestimmung des Zahlenden zuwider gewisse Zuschlagsprocente der Steiggelder, welche auf Vertrags- und Stempelkosten verwendet werden sollten, zur Tilgung einer eigenen Forderung benutzt. Wäre der betreffende Anwalt nicht gleichzeitig noch Notar gewesen, so hätte er nicht Gelegenheit gehabt, sich auf diese Weise für seine Forderung zu befriedigen und seine Pflichten auch als Rechtsanwalt zu verletzen. Kann aber der Anwaltsstand durch eine solche Steigerung seiner Verantwortlichkeit gewinnen? Wohl kaum.

Durch die Verbindung mit dem Notariat wird die Zahl der Rechtsanwälte bedeutend vermehrt. Wie viel Anwälte auch noch durch das Notariat in Anspruch genommen werden, zeigt die folgende Zusammenstellung, welche aus der Uebersicht der Jahresberichte der Vorstände der Anwaltskammern vom Dezember 1889 entnommen wurde.

Im Berichtsjahre waren

in den Oberlandesgerichtsbezirken:	von Rechtsanwälten	zugleich Notare
Berlin	590	203
Braunschweig . . .	43	25
Frankfurt	141	42
Königsberg . . .	174	89
Naumburg	249	158
Rostock	187	176
Stettin	136	85
Zusammen	1520	778

[18] Band 1, S. 209.

Rechnet man, daß von diesen 778 Notaren nur etwa 500 bei der Trennung von der Rechtsanwaltschaft aus dieser ausscheiden würden, so blieben in den oben erwähnten Oberlandesgerichtsbezirken noch etwa 1000 Rechtsanwälte, also ein volles Dritttheil weniger übrig. Dagegen waren nach der Uebersicht der Jahresberichte Dezember 1888 in den fünf Oberlandesgerichtsbezirken Bayerns[19] 463 und in Baden, wo wie in Bayern das Notariat von der Rechtsanwaltschaft getrennt ist, 135 Rechtsanwälte, während in Sachsen, das ungefähr etwas über die Hälfte an Einwohnern als Bayern und doppelt so viel als Baden hat, es deren 499 gab. In Sachsen ist das Notariat mit der Anwaltschaft verbunden (S. 16), und bestand, wie in Baden, die freie Advokatur schon vor 1879.[20] Da aber das anwaltschaftliche Arbeitsgebiet das gleiche bliebe, wie bisher, so wären auch die Einkommensverhältnisse der nach Abtrennung des Notariats verbleibenden Rechtsanwälte günstiger und würden dadurch die Gefahren der freien Advokatur wesentlich verringert. Durch die Vereinigung mit dem Notariat vermehrt sich nur die Einnahme der Anwälte, welche gleichzeitig Notare sind. Diejenigen Rechtsanwälte, welche nicht im Besitze des Notariats

---

[19] Und zwar waren im Oberlandesgerichtsbezirk:

Augsburg	61
Bamberg	79
München	197
Nürnberg	82
Zweibrücken	44
	463 Rechtsanwälte.

[20] Im rechtsrheinischen Hessen ist kein Notariat und befanden sich um diese Zeit dort trotzdem, oder gerade deshalb 83 Rechtsanwälte bei 665422 Einwohnern. Es werden nämlich daselbst verschiedene ihrer Natur nach dem Ressort der Notare angehörende Geschäfte, wie Privatverträge und einfache Testamente, durch Rechtsanwälte errichtet. Da nun alle in das Gebiet der freiwilligen Gerichtsbarkeit fallende Handlungen, seien dies nun eigentliche oder uneigentliche Notariatsgeschäfte, ebenso wie fremde Vermögensangelegenheiten, principiell nicht von Rechtsanwälten besorgt werden dürfen, so erscheint schon aus diesem Grunde die Errichtung selbstständiger Notariate dringend geboten. — Vgl. über diese Frage auch Euler, a. a. O., S. 349.

sich befinden, nehmen dafür desto weniger ein, weil ihnen bei Ausübung der Advokatur auch noch von den Notaren eine wegen ihrer größern Verbindungen sehr bedeutende Concurrenz gemacht wird. Führt der Weg zum Notariat nicht mehr durch die Rechtsanwaltschaft, dann wird auch der Andrang zu derselben ein geringerer sein.

Nun behauptet man, daß die Amtsgerichtsanwälte nicht existiren könnten, wenn sie nicht auch noch das Notariat auszuüben berechtigt wären und ein dringendes Bedürfniß existire, Anwälte auf kleinere Amtsgerichtssitze zu bekommen. Indeß sind es ganz andere Faktoren, wodurch die Einnahmen der Amtsgerichtsanwälte geschmälert werden (S. 27 ff.), als der Nichtbesitz des Notariats. Schafft man hinsichtlich dieser Faktoren Ordnung, dann werden auch Mittel, wie die Verleihung des vom Anwaltsberuf so sehr verschiedenen Notariats an Rechtsanwälte, um solche auf das Land zu bekommen, nicht mehr nothwendig sein. Man vergesse ferner nicht, daß im Laufe der Zeit sich der Wirkungskreis der Rechtsanwälte als Parteivertreter vor Gericht und vor Behörden immer mehr erweitert. In der Verwaltungsrechtspflege und vor den Gewerbegerichten eröffnet sich den Anwälten ein Feld lohnender Thätigkeit, wovon man früher keine Ahnung hatte. Auf die Verhältnisse vor dem 1. Oktober 1879 kann man sich nicht berufen. In Preußen hatten damals die Rechtsanwälte und Notare meist eine lange und ehrenvolle Richterlaufbahn hinter sich und außerdem ein reichliches Auskommen. Der Kampf um's Dasein war ihnen fremd und damit auch die Verlockung zu undelikaten Handlungen wesentlich geringer. Ferner hielt das alte Proceßverfahren den Anwalt meist auf seinem Bureau. Beide Funktionen waren also leichter zu verbinden.

Die Verschiedenheit der Notariatsgesetzgebung und des Civilrechts in den einzelnen Staaten mögen gegenwärtig mancherlei Schwierigkeiten für die Trennung haben.[21] Bei Neuordnung der Verhältnisse

[21] Vgl. dar. Hänle in Nr. 21 der juristischen Wochenschrift von 1876, S. 165.

muß sie aber erfolgen. Wie das öffentliche und mündliche Verfahren ist auch jene eine rechtsgeschichtliche Nothwendigkeit. Das mündliche Verfahren duldet keine durch die Fessel des Notariats beengte Rechtsanwaltschaft und jenes kann wieder seinerseits die ihm in Folge der Verbindung zu Theil gewordene stiefmütterliche Behandlung nicht ertragen!

§ 5. Mit der Geschäftsagentur im Allgemeinen und Curatelen und Concursverwaltungen im Besondern.

Was von dem Notariat gesagt wurde, gilt in noch höherm Maße von der Geschäftsagentur. Man versteht darunter eine Reihe von auf den Rechtsverkehr bezüglichen Geschäften, zu deren Ausübung keine besondere Berufsbildung, sondern nur Ehrlichkeit, Zuverlässigkeit und Genauigkeit gehören und die meist so einfacher Natur sind, daß Jeder, der nur einigermaßen bessere Schulbildung, in manchen Fällen etwas kaufmännische Bildung, genossen hat, sie besorgen kann. Es gehören dazu u. A. Einkassirung von Forderungen, die Geschäfte des Auktionators, Maklers und Commissionärs, Agenturen aller Art, Auskunftsbüreaus, Curatelen und Concursverwaltungen. Einige dieser Geschäfte werden in manchen Gegenden des Reichs auch von Rechtsanwälten besorgt. Versuche einzelner Rechtsanwälte, neben der Anwaltschaft Versicherungsagenturen zu übernehmen, scheiterten zwar an dem Widerspruche der in den betreffenden Fällen zuständigen Kammervorstände.[1] Dagegen wird in Anwalts-

---

[1] So erklärte der Vorstand des Oberlandesgerichtsbezirks Bamberg die Uebernahme der Agentur einer Lebensversicherung mit dem Berufe und der Würde des Anwalts unvereinbar. Nr. 5 u. 6 Jur. Wochenschrift 1884, S. 50. Desgleichen hat der Vorstand von Kiel die Annahme einer solchen für Seeversicherung mit den dem Anwalte obliegenden Anstandsrücksichten nicht für vereinbar erachtet. Uebersicht der Jahresberichte der Vorstände der Anwaltskammern. Dezember 1888, S. 11.

kreisen die Uebernahme von Curatelen, namentlich aber von größern Concursen vielfach erstrebt und haben verschiedentlich Vorstände von Anwaltskammern dahinzielende Wünsche ausgesprochen.[2] Lehrreich in dieser Beziehung ist ein Beschluß des Vorstandes des Oberlandesgerichtsbezirks Oldenburg,[3] weil daraus hervorgeht, zu welchen Conflicten Concursverwaltungen u. A. führen können. Der angezogene Beschluß lautet:

„In einer Vorstandssitzung haben sich sämmtliche anwesende Mitglieder über folgende Punkte einverstanden erklärt:

1. Es scheint sowohl im Interesse der Rechtssicherheit des Verfahrens in Concursen, als auch im Interesse des Anwaltsstandes (?) durchaus wünschenswerth, daß die Verwaltungen in erheblichen Concursen einem Rechtsanwalt übertragen, bez. von einem solchen übernommen werden.
2. Es scheint, um Collisionen der verschiedenen Interessen und dem daraus entstehenden Mißtrauen vorzubeugen, geboten, daß der zum Concursverwalter bestellte Rechtsanwalt die Vertretung einzelner Concursgläubiger nicht übernimmt, bez. einem seiner Collegen zur selbstständigen Wahrung überträgt.[4]
3. Es muß für durchaus unzulässig und der Stellung eines Rechtsanwalts nicht entsprechend angesehen werden, wenn der zum Concursverwalter bestellte Rechtsanwalt sich den einzelnen Gläubigern anbietet oder dieselben auffordert, ihm ihre Vertretung zu übertragen (!)."

---

[2] Uebersicht der Jahresberichte der Vorstände der Anwaltskammern. Dezember 1887, S. 6; Dezember 1890, S. 10.

[3] Nr. 26 u. 27 der juristischen Wochenschrift von 1884, S. 210.

[4] Nach den Entscheidungen des Ehrengerichtshofs, Bd. I, S. 174, darf sogar bei associirten Rechtsanwälten, wenn der eine derselben Concursverwalter ist, der andere nicht die Vertretung von Concursgläubigern übernehmen.

Selbst die bloße Vertretung des Gemeinschuldners oder einzelner Gläubiger in Concurssachen enthält Klippen, an denen die Ehrenhaftigkeit des Anwalts scheitern kann.[5] Denn im Concursverfahren spielt der ewige Widerstreit der Interessen zwischen dem Gemeinschuldner und den Gläubigern eine große Rolle. Dieser Interessenstreit erschwert denn auch außerordentlich die Stellung des Concursverwalters. Wie häufig suchen nicht Verwandte des Gemeinschuldners oder besonders mächtige Gläubiger Einwirkung auf den Gang der Verwaltung und namentlich auf die Frage der Herbeiführung eines Zwangsvergleiches einen die Mehrheit der Gläubiger schädigenden Einfluß zu bekommen! Zu diesem Zwecke suchen manche der oben erwähnten Personen den Concursverwalter für sich zu gewinnen und sind mir selbst Fälle bekannt, daß Concursverwalter — es waren dies keine Rechtsanwälte — von Haus zu Haus gingen, um Stimmen für einen Zwangsvergleich zu werben, die sie dann sehr häufig selbst im Termine Namens der dareinwilligenden Gläubiger abgaben. Wer kennt nicht die verschiedenen kleinen Geschäftsleute, die vom Concursmachen leben, unter diesen Auspicien in einem Orte ein Geschäft anfangen, dort Bankerott machen, einen günstigen Zwangsvergleich erhalten, um anderswo dasselbe Spiel von Neuem zu beginnen? Das Unwesen ist in Deutschland so stark, daß sich sogar ein Schutzverband zur Bekämpfung des Concurswesens bildete.[6]

---

[5] So wurde in einem Aufsatze in Nr. 28 der juristischen Wochenschrift von 1889, S. 240 die Frage aufgeworfen und bejaht, daß der Anwalt seine Standesehre schädige, wenn er sich für den von ihm vertretenen Gemeinschuldner wegen Erfüllung eines Zwangsvergleichs selbstschuldnerisch verbürgt und selbst Vollmachten von Gläubigern für die Abstimmung behufs Gewährung eines solchen beibringt.

[6] Dieser in Chemnitz in's Leben getretene Verein ersucht im 3. Morgenblatt von Nr. 362 der Frankfurter Zeitung vom 28. Dezember 1890 (Annoncentheil) um geeignetes Material und um Vorschläge zur Beseitigung anerkannter Mißstände, wie Schiebungen und schamlose Abmachungen, sowie von Firmenübertragen.

Was hat endlich, wenn es zur Versilberung der Masse kommt, der Concursverwalter nicht Alles zu thun, um einen möglichst hohen Preis zu erzielen! Er muß in diesem Falle völlig als Geschäftsmann handeln, weshalb eine solche Stellung sich auch nicht für einen Anwalt eignet (S. 9).

Sehr gut ist, was Prischl (a. a. O., S. 359) unter Anführung ähnlicher Aeußerungen von von Rambohr[7] und Gans[8] über unsere Frage sagt: „Gewiß gibt es Viele, die sich der gestellten Aufgabe mit Eifer, Geschick und Gewissenhaftigkeit unterziehen und es ist vollkommen richtig, was darüber bemerkt worden ist: „Die Ersten unseres Standes sind in der Verwaltung thätig." Allein die Advokatur ist darüber zu Grunde gegangen, nicht nur, weil sie für ihre höhern Aufgaben den Entgang dieser hervorragenden Kräfte zu verzeichnen gehabt hat und sich mit den minderwerthigen begnügen mußte, sondern auch, weil Manche aus ihrem Kreise der Verlockung nicht widerstehen konnten, die mit der Verwaltung fremden Vermögens verbunden ist, und die Gelegenheit benutzten, sich selbst zu bereichern.[9] Die schlimmsten und entehrendsten Beschuldigungen, die überhaupt gegen den Advokatenstand vorgebracht worden, sind von diesem Felde seiner Thätigkeit hergeholt. .... Mag der Schimpf, den insbesondere die Wiener Presse vor 14 Jahren dem österreichischen Advokatenstande angethan hat, indem sie die Advokaten als die Hyänen des Concurses bezeichnete, auf was immer für niedrige Motive zurückzuführen sein, so viel ist sicher, auch die berechtigte öffentliche Meinung hat sich niemals darüber täuschen lassen, daß die Advokatur ein auf Uneigennützigkeit gegründeter Ehrenstand sein soll und mit all den Vermögensver-

[7] Organisation des Advokatenstandes. Hannover 1801, S. 236.

[8] Von dem Amte der Fürsprecher vor Gericht. (2. Aufl.) Celle 1827, S. 220.

[9] So wurden durch Urtheile des Ehrengerichtshofes zwei Rechtsanwälte wegen Unregelmäßigkeiten bei Verwaltung von Mündel- und Nachlaßgeldern entlassen. Entscheidungen. Bd. 4, S. 116 u. 185.

waltungen, die ihr das Gesetz nicht nur erlaubt, sondern vielfach sogar übertragen hat, unvereinbar ist. Darum erscheint der Oeffentlichkeit seit Langem am Advokaten unehrenhaft und verächtlich, was für den auf bürgerlichen Gewinn abzielenden einfachen Geschäftsbetrieb nicht dem mindesten Bedenken unterliegt,[10] und darum sind auch die Besten des Standes trotz ihres in Wirklichkeit ehrenhaften Benehmens von dem Vorwurfe, der die Gesammtheit trifft, nicht ausgenommen worden."

Wie Prischl uns an einer andern Stelle (S. 155) mittheilt, werden in Oesterreich fast ausschließlich — also weit häufiger, als bei uns — Advokaten mit Concursverwalterstellen betraut und habe gerade dieser Umstand den Zudrang zu der Advokatur so sehr vermehrt: „weil jeder neue Ankömmling, den die Advokatenliste bringt, darauf rechnen darf, er werde einem alten Herkommen gemäß entweder vom Handelsgerichte oder vom Landesgerichte mit der Stelle eines Massenverwalters in dem zunächst zu verhängenden Concurse bedacht werden, womit in vielen Fällen die Zukunft des jungen Advokaten geborgen erscheint, so daß der Eintritt in die Advokatenlaufbahn einem Lotteriespiel vergleichbar geworden ist." Und an einer weitern Stelle heißt es (S. 359): „Auch in diesem Sinne, was die Verlockung zum Eintritt in den Stand betrifft, die namentlich in Wien lange Jahre eine nicht zu unterschätzende Bedeutung gehabt hat, müssen wir der künstlich genährten Gepflogenheit, die Rechtsanwälte als die berufendsten Candidaten für Curatelen und Concursverwalterstellen zu halten, einen großen Theil des Unglücks beimessen, das über den Stand hereingebrochen ist."

Nicht bloß wegen der bei Concursverwaltungen und Curatelen vorhandenen Gefahr mit der anwaltschaftlichen Delikatesse in Con-

[10] Vgl. in diesem Sinne auch Löwenfeld in den Gutachten aus dem Anwaltstande über die erste Lesung des Entwurfes eines bürgerlichen Gesetzbuches. Berlin 1890, S. 909.

flict zu gerathen und wegen Vermehrung des Anreizes zum Eintritt in den Stand, namentlich für solche Elemente, denen es vor allen Dingen um großen Gelderwerb zu thun ist, soll den Rechtsanwälten, gleich den englischen und französischen[11] Advokaten, die Uebernahme dieser Verwaltungen nicht verstattet sein, sondern auch weil sie die Unabhängigkeit des Anwalts dem Amtsrichter gegenüber gefährden. Der Amtsrichter hat hinsichtlich der Person des zu ernennenden Curators oder Concursverwalters völlig freie Hand. Ob er einen Rechtsanwalt hierzu ernennen will, ist Sache seines guten Willens, und wenn er dies thut, erweist er ihm eine Gunst, und zwar eine sehr große Gunst, was niemals der Fall sein darf (vgl. Seite 8).

Das Interesse der an den Concursen und sonstigen Vermögensverwaltungen betheiligten Personen verlangt keineswegs die Verwaltung durch einen Juristen. Bei zweifelhaften Rechtsfragen kann der Curator oder der Concursverwalter immerhin einen Anwalt consultiren. Im Uebrigen werden dazu Rechtlichkeit und Geschäftsroutine verlangt, die in gleichem Maße auch bei Agenten zu finden ist. In England und Frankreich besteht ein besonderer Stand von Concursverwaltern.

In England heißen sie Official Receivers und werden vom Handelsamt ernannt. Sie gelten als Beamte des Gerichtshofs, welchem sie zugetheilt sind. Ein Jeder derselben ist in bestimmten örtlichen Grenzen zuständig und zwar soll in der Regel für einen auf diese Art festgestellten Bezirk ein Official Receiver ernannt

---

[11] So heißt es bei Mollot in der bei Prischl, a. a. O., S. 404 mitgetheilten Uebersetzung unter XXIV: „Endlich kann das, was an sich noch nicht den Charakter der Unwürdigkeit hat, doch für eine tadelnswerthe Unziemlichkeit angesehen werden. Was ziemlich ist, verträgt allerdings mehrere Abstufungen, der Advokat kann aber nur seine Delikatesse zum Maßstab nehmen. Wenn ich bei dieser Prüfung Führer sein soll, so darf er keinenfalls bei Concursen die Stelle eines Massenverwalters (syndic) annehmen."

werden. Seine Befugnisse sind: 1. Die Untersuchung der Handlungsweise des Gemeinschuldners; 2. die Verwaltung der Masse.[12]

In Frankreich befinden sich am Sitze eines jeden Handelsgerichts zwei oder mehrere Syndiks, welche von diesem gewöhnlich mit der Verwaltung des jeweiligen Concurses betraut werden. Es sind dies weder Advokaten noch Anwälte, sondern Geschäftsagenten, welche das Vertrauen des Handelsgerichts besitzen, das sie gegebenen Falls zur Stellung eines Masseverwalters beruft.

Wären ständige Concursverwalter nicht auch bei uns möglich, etwa in der Art, wie sie in Elsaß-Lothringen noch von früher her bestehen? Der bessere Theil der Rechtsconsulenten, von denen gleich die Rede sein wird, würde gewiß brauchbares Personal zu diesen Stellungen liefern. Dieselben müßten dann der strengsten richterlichen Beaufsichtigung bei ihrer Geschäftsführung unterstehen und wäre ihnen insbesondere die Vertretung von Concursgläubigern zu verbieten.

II. Rechtsanwaltschaft und Rechtsconsulententhum.

§ 6. Die beiden Arten von Parteivertretern an den Amtsgerichten im Allgemeinen.

Vor den Amtsgerichten, wie bei uns bekanntlich die Einzelgerichte benannt werden, können sich die Parteien selbst vertreten oder durch eine mit einer Vollmacht versehenen Person vertreten lassen. Außer der Proceßfähigkeit werden für diese Vertreter keine weitern Eigenschaften verlangt. §§ 75 C. P. O. Es können also außer Rechtsanwälten hiermit auch noch andere Personen betraut

---

[12] Schuster: Die bürgerliche Rechtspflege Englands. Berlin 1887, S. 92.

werden. Und in der That ist gleichzeitig mit der Civilproceßordnung im ganzen Reichsgebiete ein die Parteivertretung vor den Amtsgerichten bezielendes Gewerbe in's Leben getreten, das bisher in dem größten Theile Deutschlands ein kümmerliches Dasein fristete, seitdem aber zu immer größerer Blüthe gelangte (s. dar. § 7). Diejenigen, welche dasselbe ausüben, heißen Rechtsconsulenten.[1] Sie werden auch Geschäftsagenten, gewerbsmäßige Beirather in fremden Rechtsangelegenheiten und Volksadvokaten genannt. Am gewöhnlichsten ist die ersterwähnte Bezeichnung.

Diese beiden Arten von Parteivertretern: Rechtsanwälte und Rechtsconsulenten weichen sowohl hinsichtlich ihres Verhältnisses zu Parteien und Gericht, als auch bezüglich ihrer ganzen Erwerbsstellung wesentlich von einander ab.

Die berufliche Parteivertretung wird vom Rechtsanwalt als einem Organ der Rechtspflege besorgt. Sein Verhältniß zu der Partei ist das der Treue[2] und beruht, wie Löwenfeld sehr hübsch ausführt,[3] auf einem besonders gearteten Vertrage. Es ist durchaus unrichtig, dasselbe als Mandat aufzufassen, denn der Mandatar ist an die Anweisungen des Mandanten gebunden. Sehr richtig bemerkt Löwenfeld auf dem elften Anwaltstage:[4] „Was der Mandatar thut, steht unter dem Befehle seines Mandanten und wenn er abweichen will, hat er ihn zuvor zu fragen. Der Advokat ist nicht der Mandatar, der Untergebene des Clienten, er ist sein Patron.“ Der Rechtsanwalt muß sogar unter Umständen

[1] Gegen den Ausdruck: Winkelconsulenten, wie sie bisweilen sogar noch officiell bezeichnet werden, verwahren sie sich ausdrücklich. Vgl. der deutsche Rechtsconsulentenstand und seine Existenzberechtigung, von einem praktischen Juristen. Elberfeld 1882, S. 3.

[2] Prischl, a. a. O., S. 20.

[3] Gutachten aus dem Anwaltsstande über die erste Lesung des Entwurfes eines bürgerlichen Gesetzbuches. Berlin 1890, S. 858—932, insbesondere S. 906 ff.

[4] Verhandlungen, S. 28.

gegen die Anweisungen seines Clienten handeln, wenn dieselben den Interessen des Letztern zuwiderlaufen. Er vertritt diese selbst dann, wenn sie sich mit seinen eigenen im Widerspruch befinden nach den Regeln seiner Kunst und Wissenschaft. Darum erscheint auch dieses Verhältniß nicht als Dienstmiethe. Diese letztere ist ihrem Wesen nach ein Geschäft und deshalb der Gelderwerb der für sie allein maßgebende Gesichtspunkt. Wohl hat auch der Rechtsanwalt gegen seine Partei einen Anspruch auf eine bestimmte Leistung. Allein, und das ist das wesentliche Moment, er erhält diese Leistung nicht als Gegenleistung für seine Thätigkeit, sondern als Sustentation, um diese Thätigkeit wirthschaftlich zu ermöglichen.[5] Diese ist im Princip eine unentgeltliche; thatsächlich aber deshalb nicht, weil der Rechtsanwalt seinem Berufe sonst aus physischen Gründen nicht obliegen könnte. Darin liegt ein feiner Unterschied von der Dienstmiethe, die, wie erwähnt, des Erwerbs halber eingegangen wird. Auf jenem Gesichtspunkt beruht das Wesen der anwaltschaftlichen Delikatesse. Dem Rechtsanwalt ist darum Manches nicht erlaubt, was einem Geschäftsmann in keiner Weise Uebel genommen wird. „Einen gewerblichen Vertreter fremder Interessen," heißt es bei Löwenfeld (a. a. O., S. 909) „findet Niemand tadelnswerth, wenn er die ihm für Besorgung eines Auftrages erwachsenen Gebühren und baaren Auslagen von den für den Auftraggeber vereinnahmten Geldern vorweg deckt, auch wenn für den Auftraggeber dann nichts mehr übrig bleibt und wenn dieser das Geld viel nöthiger hat, als der Bankier oder Commissionär. Im Gegentheil, man würde es als eine persönliche Noblesse oder Mildthätigkeit erachten, wenn der Letztere mit Rücksicht auf die Lage des Mandanten von Deckung Umgang nähme. Was für den Gewerbetreibenden ein freier Akt des Edelmuthes, für

---

[5] Löwenfeld: Gutachten, S. 891: „Sustentation für die Zwecke der Berufsausübung."

welchen ihm besonderer Dank gebührt, das ist für den Rechtsanwalt die Erfüllung einer Berufspflicht, für deren Unterlassung ihm ein Tadel ausgesprochen wird." Dem Richter endlich steht der Rechtsanwalt an Können, wie in socialer Hinsicht völlig gleich und übt nicht unter ihm, sondern vor ihm seinen Beruf aus.

Ganz anders dagegen liegen die Dinge beim Rechtsconsulenten. Dieselbe Thätigkeit, welche der Rechtsanwalt als Beruf ausübt, betreibt jener als Gewerbe und sind darum für ihn ganz andere Gesichtspunkte maßgebend, als für den Anwalt. Die Gegenleistung erhält der Consulent als Lohn von der Partei und kann er denselben in beliebiger Höhe fordern. Der Rechtsconsulent kann als Gewerbtreibender seine Collegen unterbieten, Niemand wird ihm daraus einen Vorwurf machen. Wenn auch bei einzelnen Amtsgerichten die Rechtsconsulenten tarifirt[6] sind, so ist dies nur wegen des Kostenersatzes von der Gegenpartei; im Uebrigen zahlen sich die Leistungen nach den Gesetzen des Marktes. Der Rechtsconsulent kann von der Reklame Gebrauch machen, so gut und so viel er nur will, kann Schilder in beliebiger Größe anbringen, sich in Zeitungen, auf Prospekten u. dgl. anpreisen lassen, was Alles einem Rechtsanwalt nie und nimmermehr verstattet sein kann. Auch seine Stellung zum Richter ist derjenigen des Anwalts völlig entgegengesetzt. Die wirthschaftliche Existenz des Rechtsconsulenten liegt völlig in der Hand des Richters. Nach § 143, Abs. 2 u. 3, C. P. O. kann ihm nämlich der Amtsrichter jederzeit das Auftreten vor Gericht verbieten, ohne daß ihm nur irgend welches Rechtsmittel dagegen zu Gebote stünde. Nicht die Prokuratorenarbeit, d. h. das Anfertigen

---

[6] Die Höhe des den Rechtsconsulenten für Parteivertretung zu zahlenden Lohnes bietet den Amtsrichtern mancherlei Schwierigkeiten. So hat sogar ein Amtsrichter den Vorstand der Anwaltskammer in Posen um ein Gutachten über die Angemessenheit der von einem Winkelconsulenten eingeklagten Gebühren angegangen, was selbstverständlich abgelehnt wurde. Uebersicht der Jahresberichte der Anwaltskammervorstände. Dezember 1887, S. 7.

von Klagen und sonstigen Schriftsätzen, sondern die Advokatenthätigkeit des Rechtsconsulenten, d. h. die mündliche Ausführung der Parteirechte vor Gericht ist dem guten Willen des Amtsrichters überlassen!

§ 7. Von den Rechtsconsulenten im Besondern und deren Einwirkung auf den Anwaltsberuf.

Zum eigentlichen Wirkungskreis der Rechtsconsulenten oder Geschäftsagenten gehören die in § 5 unter dem Namen: Geschäftsagentur zusammengefaßten Thätigkeiten. Dieselben haben mit der Vertheidigung von Rechten nichts gemein und können ihrer Natur nach nur als Gewerbe betrieben werden. Auf Leute, welche sich mit solchen Geschäften befassen, findet daher die Gewerbeordnung Anwendung. So lange die Rechtsconsulenten auf diesem Gebiete thätig sind, treten sie in keiner Weise mit den Interessen des Anwaltsstandes in Collision. Ja sie sind sogar manchmal für die Proceßinstruktion nicht ohne Nutzen; so z. B. bei Auskunftsertheilungen, Informationseinziehungen, Ordnen von Büchern als Grundlagen für Rechnungsprocesse u. s. w. Im sonstigen Rechtsleben, soweit es sich nicht um Berathung des Publikums in Rechtssachen und um Proceßführungen handelt, sind sie gleichfalls nicht zu entbehren, wenn auch nicht in so ungeheuerer Menge, in der sie gegenwärtig vorhanden sind. Schon von Gundermann wurde dies anerkannt. Er sagt (a. a. O., S. XI): „Auch glaube ich, daß namentlich die Ausscheidung einer zweiten Classe von Parteivertretern, der Rechtsagenten, von viel größerm Gewichte ist, als gewöhnlich in Deutschland angenommen wird. Für manche Verwaltungsverhältnisse im Credit- und Verkehrsleben ist eine Classe von Arbeitern nöthig, welche erst zu schaffen, zu unterrichten und gleichwohl so zu überwachen ist, wie man es irrthümlich bezüglich der Advokaten annehmen zu müssen glaubte." Solche Arbeiter werden um so nothwendiger, je großartiger einerseits das gesammte wirthschaftliche Leben sich entwickelt und je intensiver und festbegrenzter damit im Zusammenhang andererseits die Aufgaben der Advokatur werden. Soll diese aber denselben in gehöriger Weise gerecht werden, dann muß sie auch verlangen können, daß die Rechtsconsulenten ihre Thätigkeit auf das eigentlich Geschäftliche beschränken und sich in keiner Weise um die gerichtliche Parteivertretung kümmern, mag dies nun geschehen, daß sie selbst Parteien vor Gericht vertreten, oder daß sie den Parteien Rechtsanwälte für die gerichtliche Vertretung verschaffen und auf diese Weise einen Einfluß auf die Vertheilung der Praxis unter den Anwälten zu gewinnen suchen. Die den Interessen des Rechtsanwaltsstandes zuwiderlaufende Einwirkung des Rechtsconsulentenwesens auf die Parteivertretung soll uns nun im Folgenden beschäftigen.

Das Auftreten der Rechtsconsulenten vor den Einzelgerichten ist eine von Frankreich überkommene Einrichtung und hängt mit der dortigen Gerichtsorganisation auf das Engste zusammen. Dort werden nämlich die Einzelgerichte (Friedensgerichte) nicht als ordentliche Gerichte angesehen. Sie haben nur eine geringe Competenz und erscheinen mehr als Vergleichsamt, denn als Gericht. Vor denselben treten weder Anwälte noch Advokaten auf; ja es gilt sogar für diese als unpassend, sich mit friedensgerichtlichen Sachen zu befassen. Auf diese Weise ist eine besondere Classe von Parteivertretern entstanden, welche, weil sie sich mit Geschäften der in § 5 angegebenen Art befassen, deren Besorgung den Advokaten auf das Strengste verboten ist,[1] agents d'affaires genannt werden. Diese treten außerdem noch, allerdings in Concurrenz mit den Advokaten, an den Handelsgerichten auf. Es ist dies gewöhnlich eine bessere Classe von Agenten, welche den Namen agréés au tribunal

[1] Mollot: Abrégé des règles de la profession d'avocat. Paris 1852, Nr. XXI, in der Uebersetzung bei Prischl a. a. O., S. 403; vgl. auch Art. 42 Ges. vom 30. Nov. 1822.

de commerce führen. Analog sind die Geschäftsagenten oder Rechtsconsulenten denn auch in den deutschen Gebietstheilen des französischen Verfahrens vor den Friedens- und Handelsgerichten als Parteivertreter aufgetreten. In den Rheinlanden, wo bekanntlich das französische Proceßverfahren bis zum 1. Oktober 1879 existirte, haben sie sich zuerst als Stand constituirt und gründeten den Verein der Rechtsconsulenten für die Rheinprovinz.

Einen Wendepunkt in der Entwickelung des Rechtsconsulententhums bildete der 1. Oktober 1879, der das mündliche Verfahren für ganz Deutschland und den Rechtsconsulenten die Parteivertretung an den Amtsgerichten in Concurrenz mit den Rechtsanwälten brachte. Der Verein für die Rechtsconsulenten der Rheinprovinz erweiterte sich zu einem Verein deutscher Rechtsconsulenten, dessen Verfassung am 1. November 1879 zu Cöln festgestellt wurde. Seitdem breiteten sie sich immer mehr und mehr über das ganze Reichsgebiet aus und gab es nach amtlichen Erhebungen im Jahre 1882 in Preußen allein 6594 Rechtsconsulenten.[2] Wie viel es deren gegenwärtig gibt, konnte ich nicht ermitteln, doch dürften es bei dem Anwachsen aller Erwerbszweige eher mehr, denn weniger sein. Die revidirte Gewerbeordnung vom 1. Juli 1883 erkannte sie in § 35, Abs. 3 u. 4 als einen gewerbetreibenden Stand an. Von der ihnen in § 97 cit. Ges. gegebenen Erlaubniß sich in Innungen zusammenzuschließen machten sie einen ausgiebigen Gebrauch, indem solche in allen Gegenden des Reichs entstanden und gegenwärtig noch im Entstehen begriffen sind. Die Rechtsconsulenten besitzen ferner in der deutschen Rechtszeitung[3] zur Vertretung ihrer Interessen ein eigenes Organ. Und so haben wir denn als Ergebniß der Entwickelung die zwar nicht sehr erfreuliche, aber nicht mehr todtzuschweigende Thatsache, daß im deutschen

---

[2] Der deutsche Rechtsconsulentenstand u. seine Existenzberechtigung, S. 3.
[3] Verantwortlicher Redakteur: F. Fränkel, Berlin.

Reiche neben einer zahlreichen Rechtsanwaltschaft für die Parteivertretung vor Gericht noch eine nicht minder zahlreiche Rechtsconsulenz existirt.[4] Außer der Concurrenz mit seinen Collegen hat der Rechtsanwalt also auch noch eine solche mit den vielen Rechtsconsulenten zu bestehen. Der durch die Freigabe der Rechtsanwaltschaft verschärfte Wettbewerb unter den Anwälten ist weit weniger schlimm als der mit den Rechtsconsulenten. Während jener durch Anspannung der höchsten ethischen Kräfte sogar eine wohlthätige Wirkung äußert, ist dieser immer schädlich. Denn man vergesse nicht, die Rechtsanwaltschaft ist ein freier Beruf, das Rechtsconsulententhum ist ein Gewerbe. Während die Anwälte stets das Ehrenhafte im Auge haben müssen, brauchen die Rechtsconsulenten nur auf den Erwerb zu sehen, weshalb auch jedes, wie immer geartetete, Concurriren der beiden Stände ausgeschlossen bleiben muß.

Eines der wesentlichsten Mittel, welches die Rechtsconsulenten in ihrem Kampfe gegen die amtsgerichtliche Praxis der Rechtsanwälte zur Anwendung bringen, ist die Ausbeutung der Simultanpraxis derselben an den obern Gerichten. Diese Simultanpraxis nöthigt die Rechtsanwälte in vielen Fällen Rechtsconsulenten mit der Parteivertretung vor den Amtsgerichten zu beauftragen. Namentlich ist dies der Fall vor Amtsgerichten, an deren Sitz kein oder nicht genügend Rechtsanwälte vorhanden sind. Wie die Dinge nun einmal liegen, wird man es auch einem Rechtsanwalt nicht verübeln können, wenn er einem an einem solchen Orte wohnhaften Rechtsconsulenten amtsgerichtliche Sachen überträgt. Ja man behauptet sogar, daß selbst an Landgerichtssitzen, wo es also nicht an Anwälten fehlt, das gleichzeitige Tagen von in verschiedenen Gebäuden befindlichen Gerichten die Rechtsanwälte, um Collisionen von Terminen zu vermeiden,

---

[4] Vgl. auch Prischl, a. a. O., S. 112.

nöthige, ihre Schreiber mit der amtsgerichtlichen Vertretung zu beauftragen.[5]

Gegen die eben erwähnte Praxis und die Substitution von Rechtsconsulenten an Orten, in welchen sich Rechtsanwälte befinden, richten sich die Circulare der Oberlandesgerichtspräsidenten von Frankfurt[6] und Cöln[7] und die daran sich reihenden Ausschreiben der Vorstände der correspondirenden Anwaltskammern. Auf diese Substitutionsverbote haben es denn die Rechtsconsulenten in ihrem Organe, „der deutschen Rechtszeitung", mit ihren Angriffen[8] auch ganz besonders abgesehen, wobei sie nicht müde werden zu betonen, wie unpraktisch es wäre, Rechtsanwälte mit der Vertretung vor Amtsgerichten zu beauftragen, weil dieselben durch die Praxis vor den Collegialgerichten zu sehr in Anspruch genommen seien und sich deshalb auch nicht um die Bagatellprocesse kümmern würden. Gleichzeitig streben die Rechtsconsulenten die Beseitigung des sie in ihrer Wirksamkeit beengenden § 143, Abs. 2 C. P. O. an, obgleich von dessen Anwendung seitens der Amtsrichter nicht häufig Gebrauch gemacht wird,[9] indem zahlreiche Rechtsconsulenten-Vereine und

[5] Nr. 60 u. 61 der juristischen Wochenschrift von 1887, S. 517.

[6] Abgedruckt in Nr. 28 u. 29 der juristischen Wochenschrift von 1885, S. 226 ff.

[7] Uebersicht der Jahresberichte. Dezember 1889, S. 9.

[8] Vgl. namentlich Nr. 45 der deutschen Rechtszeitung, Jahrgang 1890, den Artikel: „Bedenklich — Bedenklicher" und die Notiz in Nr. 48 desselben Jahrganges: „Traurige Proceßführungen." Mit diesen schmeichelhaften Ausdrücken wird die in Folge obiger Substitutionsverbote vermehrte Praxis der Rechtsanwälte an den Amtsgerichten belegt.

[9] So sind nach einem der in Note 5 angeführten Circulare des Oberlandesgerichtspräsidenten im Oberlandesgerichtsbezirk Frankfurt im Jahre 1882 161 Winkeladvokaten, wie sie dort genannt werden, in 5112 Proceßsachen in 6231 Terminen und zwar als Bevollmächtigte der Parteien und als Substituten von Rechtsanwälten in 5829, als angebliche Cessionare in 392 Terminen aufgetreten und nur in 25 (!) Fällen Zurückweisungen erfolgt. „An Orten," heißt es weiter, „an welchen den Proceßparteien eine ausreichende Zahl von Rechtsanwälten zur Verfügung steht, ist die Winkeladvokatur in voller Blüthe."

Innungen an Bundesrath und Reichstag diesbezügliche Petitionen[10] eingereicht haben, und zwar ist die Petition an den Bundesrath von 17, diejenige an den Reichstag von 23 Rechtsconsulentenvereinen und Innungen unterschrieben. Sie verlangten darin auch die Zulassung in Privatklagesachen und die Statuirung einer gesetzlichen Verpflichtung zur Erstattung ihrer Gebühren und Auslagen von der Gegenpartei analog derjenigen der Rechtsanwälte.

Daß man den Rechtsconsulenten die Befugniß, Parteien vor Gericht zu vertreten, einräumte, machte man sie in noch weit höherm Maße zu **Rechtsberathern** des kleinen Mannes und der Landbevölkerung,[11] als sie dieses ohnehin schon gewesen sind.

---

[10] Nr. 4 der deutschen Rechtszeitung von 1890, S. 27.

[11] In Nr. 49 der juristischen Wochenschrift von 1885 habe ich auf S. 403 die **innern Gründe** dieser Erscheinung anzugeben versucht. Ich sagte damals: „Die scheinbar auffallende Thatsache, daß in manchen Gegenden das weniger gebildete Publikum selbst in ganz wichtigen Rechtssachen vorzieht, zuerst einen Geschäftsagenten zu consultiren, und erst dann zum Anwalt geht, wenn jener die gewünschte Hilfe nicht gewähren kann, mag zunächst in dem geringen Fond von Bildung, über welchen der Winkelconsulent gewöhnlich verfügt, ihre Erklärung finden. Der gemeine Mann kann sich beim Rechtsconsulenten besser aussprechen, er glaubt, daß ihn dieser leichter verstehe, als der Rechtsanwalt, der ihm zu „vornehm" scheint. Den Letztern findet er nur auf seinem Bureau, den Erstern dagegen überall. Der Geschäftsagent läuft nicht selten den Leuten in die Wohnungen nach, ertheilt Rath auf der Straße, insbesondere aber im Wirthshause. Der Umstand, daß dem kleinen Mann der Consulent social näher steht, als der Rechtsanwalt, und er zu jeder Zeit und an jedem Orte von jenem Rath erhalten kann, führt ihn zu dem Glauben, daß die Vertretung durch einen Geschäftsagenten mit weniger Kosten verbunden sei, als durch einen Rechtsanwalt. Dies ist aber durchaus nicht der Fall. Selbst in Armensachen werden sehr häufig Geschäftsagenten consultirt, was keineswegs unentgeltlich geschieht. Das Bezahlen erfolgt aber an diesen in kleinern Raten und nicht selten in animirter Stimmung im Wirthshause. Oft genug treibt freilich auch der Mangel an baarem Gelde die Leute den Winkelconsulenten in die Arme. Unter diesen finden sich immer solche, welche den Proceß kaufen oder, was häufiger geschieht, dessen Führung auf ihr Risiko übernehmen. In dem letzterwähnten Falle zahlt der Geschäftsagent sämmtliche Kosten, plaidirt entweder selbst unentgeltlich oder bestellt einen Vertreter. Wird der Proceß gewonnen und zahlt der Schuldner, dann bekommt der Agent gewöhnlich ein Drittel, manchmal sogar die Hälfte des eingeklagten Betrages."

Diesen Umstand benutzen die Rechtsconsulenten bisweilen auch dazu, um durch Zuführung von Landgerichtssachen von beschäftigtern Anwälten Substitutionen für amtsgerichtliche Vertretungen und andere Vortheile zu erlangen, was in einzelnen Fällen zu geschäftlicher Verbindung mit Rechtsanwälten und gemeinsamen Betrieb der Praxis führte. Sogar der Ehrengerichtshof mußte sich damit beschäftigen.[12] Aus dem Inhalt einiger seiner Entscheidungen kann die große Gefahr ersehen werden, welche dieses ausgebreitete Rechtsconsulentenwesen für das Ansehen und die Integrität des deutschen Anwaltsstandes in sich birgt. Wie hoch z. B. ihr Einfluß auf das Publikum seitens einzelner Anwälte geschätzt wird, zeigt ein Fall, wo ein Rechtsanwalt und Notar einem Rechtsconsulenten 40% (!) der Reineinnahmen aus seiner Civilpraxis und seinem Notariate zusicherte,[13] und ein anderer, wo 20—25% und in einzelnen Fällen bis zu 30% der gesammten Anwaltsgebühren an einen solchen gegeben wurden.[14] In einem dritten sind 25% der Gebühren, welche in zugeführten Sachen erwachsen waren, den Rechtsconsulenten bezahlt worden.[15] Endlich in einem vierten Falle stipulirte der betreffende Anwalt mit seinem Schreiber in dessen Anstellungsvertrag eine Conventionalstrafe, falls dieser fünf Jahre nach seinem Ausscheiden sich entweder selbst als Consulent in Y. niederlassen (!) oder dort bei einem solchen oder bei einem Rechtsanwalt thätig sein sollte.[16] Von Interesse sind auch die Motive einzelner Entscheidungen. So heißt es in Bd. II, S. 92: „Der Angeschuldigte sucht sich in seiner Berufungs=

---

[12] Entsch., Bd. I, S. 30 ff., 191 ff., 193 ff.; Bd. II, S. 69 ff., 91 ff., 96 ff.; Bd. III, S. 51 ff., 117 ff., 291 ff., 293 ff., 299 ff.; Bd. IV, S. 8 ff., 19 ff., 195 ff., 202 ff., 205 ff.

[13] Bd. I, S. 195.

[14] Bd. II, S. 97.

[15] Bd. IV, S. 9.

[16] Bd. III, S. 118.

ausführung zunächst durch ein allgemeines Herkommen zu rechtfertigen, nach welchem sich in den betreffenden Gerichtsbezirken regelmäßig Schmuser und Commissionäre der Rechtsuchenden bemächtigen und sie dann erst einem Anwalte zuführen. Er tritt über diese Behauptung im Allgemeinen, als bezüglich der angeblich bei einzelnen Anwälten vorkommenden Zuführungen Beweis durch Benennung zahlreicher Zeugen an. Nur deshalb und weil der einzelne Anwalt sich gegen diesen allgemeinen usus nicht ohne die schlimmsten Folgen für seine Praxis auflehnen könne, habe er nichts Bedenkliches darin gefunden, daß auch ihm durch A. Parteien zugeführt wurden, wofür er keinen Entgelt geleistet habe." Weiter heißt es dann auf Seite 93: „einzelne Anhaltspunkte für derartige Zuführungen haben sich allerdings schon im Vorverfahren vor dem Ehrengerichte ergeben, da einzelne Geschäftsagenten angaben, daß sie andern Anwälten auch schon häufig Parteien zugeführt haben." Noch mehr zu denken geben die Ausführungen in Bd. III, S. 297: „Im Uebrigen muß es in erster Reihe auffallen, daß nach der zeugeneidlichen Aussage des A. unter den Winkelschreibern von D. und E. eine Vereinbarung, keinem Anwalte, der ihnen keinen Antheil an den Gebühren zukommen lasse, eine Rechtssache zuzuwenden, getroffen, allerdings nicht zur Durchführung gelangt sein soll."

Schließlich sei noch ein Beispiel für die Corrumpirung des Rechtsverkehrs durch die Macht, welche die Rechtsconsulenten auf das Publikum haben, angeführt. Ein Rechtsanwalt hatte gegen einen der beschäftigsten Rechtsconsulenten in X. ein persönliches Urtheil erwirkt. Als auf Wunsch der Partei die Zwangsvollstreckung aus dem Urtheil gegen diesen betrieben werden sollte, schickte er dem betreffenden Anwalte zwei Processe, darunter einen solchen über einen Streitwerth von M. 12000. Der Anwalt sandte die Sachen zurück und ließ vollstrecken. Wäre aber nicht auch das Umgekehrte möglich gewesen?

Die Bestimmung des § 143 Abs. 2, welche gegen das Winkelconsulententhum gerichtet sein soll,[17] erwies sich als völlig unzureichend und schädigt überdies den Anwaltsstand in seinem Ansehen, indem sie den Rechtsanwalt in eine unwürdige Stellung gegenüber dem Amtsrichter bringt. Denn durch die lediglich auf sein Ermessen basirte Befugniß des Amtsrichters, den Rechtsconsulenten das Auftreten zu verbieten, gewinnt derselbe nicht nur auf den Erwerb des Consulenten, sondern auch auf denjenigen des Rechtsanwalts einen keineswegs zu unterschätzenden Einfluß. Denn läßt der Amtsrichter die Geschäftsagenten zu, dann werden die Rechtsanwälte seltener vor ihm auftreten und umgekehrt. Die amtsgerichtliche Praxis der beiden Categorien von Parteivertretern ist also von dem richterlichen Ermessen abhängig. Dies ist aber noch um so gefährlicher, wenn man bedenkt, daß es Amtsrichter geben kann, die lieber mit einem von ihnen völlig abhängigen Consulenten, als einem Anwalt verhandeln! In Folge dessen ist es denn bereits so weit gekommen, daß bisweilen für die Wohnsitzwahl von Anwälten, welche sich vorzugsweise mit amtsgerichtlicher Praxis befassen, die Frage entscheidend geworden ist, ob der betreffende Amtsrichter das Auftreten von Geschäftsleuten duldet. Während man in England und Frankreich so weit ging, als Ehrenpflicht des Advokaten die Uneinklagbarkeit des Honorars zu statuiren, um von vorneherein jeden Einfluß des Richters auf den Erwerb des Advokaten auszuschließen, räumte man in Deutschland dem Amtsrichter im Concursverfahren (S. 26), wie bei Ausübung der streitigen Civilrechtspflege eine gar nicht so kleine Gewalt über den Geldbeutel des Advokaten ein!

Das Rechtsconsulentenwesen war schon mehrfach Gegenstand der Aufmerksamkeit der Justizbehörden und Anwaltskammervorstände.

---

[17] Petersen: Commentar zur Civilproceßordnung, I. Bd., S. 300 (1. Aufl.).

Die Verfügungen bez. Circulare der Oberlandesgerichtspräsidenten bez. Kammervorstände von **Frankfurt** und **Cöln** wurden bereits (S. 35) erwähnt. Die Einführung der Vereinbarkeit des Notariats mit der Rechtsanwaltschaft in der Rheinprovinz beruht auf dem gleichen Gesichtspunkte. Nach der Uebersicht der Jahresberichte Oktober 1886 haben Anwaltskammervorstände aus den verschiedensten Gegenden des Reichs, nämlich die von Bamberg, Cassel und Cöln, in Vorstellungen an die Landesjustizverwaltung bez. das Oberlandesgericht auf das Treiben der Winkelconsulenten hingewiesen und darin um Abhilfe seitens der Gerichte gebeten behufs Herbeiführung von Maßregeln, durch welche dem Mißstande mit Erfolg gesteuert werden kann. Auch gehen im Falle von unlautern Verbindungen zwischen Rechtsconsulenten und Rechtsanwälten die Ehrengerichte mit großer Strenge vor. Diese gewiß schätzenswerthen Bestrebungen sind aber nicht ausreichend, weil sie das Uebel nicht an der Wurzel anfassen. Geholfen kann hier nur werden durch gesetzliche Regelung der amtsgerichtlichen Vertretung. Richtig ist allerdings, daß die größere Zugänglichkeit und die erhöhte Leichtigkeit des Verkehrs (f. Note 11) das Publikum den Winkelconsulenten vielfach in die Arme treibt. Die Sache hätte aber keine solche Ausdehnung angenommen, wenn die Rechtsconsulenten nicht auch noch advokatorische Funktionen verrichten würden.

Zunächst wäre also jedenfalls den Rechtsconsulenten die mündliche Ausführung der Parteirechte zu verbieten; desgleichen aber auch den Anwaltsschreibern. Denn abgesehen davon, daß bisweilen hinter solchen sich Rechtsconsulenten verstecken, bieten die einen ebensowenig wie die andern genügend Garantie für eine sachgemäße Behandlung der Processe. Die Proceßführung gehört zu der Berufsthätigkeit des Rechtsanwalts. Ebensowenig, wie dieser eine Geschäftsagentur betreiben soll, soll ihm seine Berufsausübung durch Laien verkümmert werden. Das Wegweisen der

Consulenten und Schreiber aus den Gerichtssälen würde aber allein nicht genügen. Es wurde bereits dargethan, daß der Mangel an Rechtsanwälten, welche sich entweder ausschließlich oder doch vorzugsweise mit der Amtsgerichtspraxis befassen, die Substitution solcher Personen veranlaßte (S. 34). Darum muß für eine ständige rechtskundige Parteivertretung an den Amtsgerichten gesorgt werden. Auf welche Weise dies zu geschehen hat, kann jedoch erst nach Untersuchung der Frage, ob die Advokatur von der Anwaltschaft getrennt werden soll, erörtert werden.

III. Anwaltschaft und Advokatur.

§ 8. Im Allgemeinen.

Bisher wurde die Rechtsanwaltschaft als ein Ganzes in Betracht gezogen. Nunmehr soll diese in ihre Theile zerlegt und untersucht werden, ob das Princip der Arbeitstheilung, das die Loslösung des Notariats und der Geschäftsagentur von der Rechtsanwaltschaft verlangt, auch bei der gegenwärtigen Doppelstellung des deutschen Rechtsanwalts als Anwalt und als Advokat Anwendung finden soll oder ob nicht vielmehr diese beiden Funktionen derart mit einander verwachsen sind, daß sie ohne Schädigung der Rechtspflege nicht auseinandergerissen werden können.

Der Anwalt vertritt die Partei dem Gerichte gegenüber, der ganze Schriftenverkehr zwischen ihr und dem Gericht wird, wie jede andere gerichtliche Handlung, nur durch ihn vorgenommen. Um dies Alles zu ermöglichen, muß der Anwalt jederzeit zu finden sein, woraus sich dessen Residenzpflicht am Sitze des Gerichts und andere Beschränkungen ergeben.

Anders der Advokat. Dieser nimmt dem Gerichte gegenüber eine freiere Stellung ein. Er führt lediglich die Ansprüche der Parteien in der mündlichen Verhandlung aus und beräth sie in zweifelhaften Rechtsfragen. Wegen dieser freiern Stellung wird das Interesse des Advokaten auch stets der Vereinigung seines Berufs mit der Anwaltschaft entgegen sein und da, wo dieselbe besteht, die Trennung fordern.

In England und Frankreich haben sich seit Jahrhunderten Anwaltschaft und Advokatur selbstständig neben einander entwickelt. Aber auch im ältern deutschen Rechte war diese Trennung bereits vorhanden, wie dies von Maurer,[1] auf den sich Prischl (a. a. O., S. 16) beruft, nachgewiesen wurde. Darnach finden sich bei den einzelnen germanischen Stämmen schon zur Zeit der Völkerwanderung zwei Arten von gerichtlichen Bei- und Vorständen, nämlich die Gewalthaber, welche die Parteien vor Gericht vertraten, sowie in ihrem Namen handelten, und die Redner, später auch Fürsprecher, Vorleger genannt, welche in Gegenwart der Parteien oder ihrer Gewalthaber die Sache vor Gericht vortrugen. Selbstverständlich hatten sich zur Zeit der Völkerwanderung die Personen, welche die eine oder die andere dieser Funktionen verrichteten, noch nicht in besondere Stände zusammengeschlossen. Zu solchen haben sie sich erst im Laufe der Zeit entwickelt und bis zum Untergang des altdeutschen Gerichtsverfahrens, zum Theil sogar noch darüber hinaus, erhalten. Diese Forschungen Maurer's wurden durch Plank[2] für den altdeutschen Proceß nach dem Sachsenspiegel und verwandten Rechten bestätigt. Eine ähnliche Trennung scheint auch im Schwabenspiegel[3] bestanden zu haben. Erst im gemeinen deutschen Civilproceß verwischte sich allmählich dieser Unterschied und haben Prokuratoren neben Advokaten in Deutschland bis zum Anfang dieses Jahrhunderts bestanden.

---

[1] Geschichte des altgermanischen öffentlichen und mündlichen Gerichtsverfahrens. Heidelberg 1824.

[2] Deutsches Gerichtsverfahren im Mittelalter.

[3] Prischl: a. a. O., S. 20.

Zuerst fand die Vereinigung der beiden Berufe in Preußen statt,[4] indem nach der Verordnung vom 16. April 1725 keine neuen Prokuratoren mehr angestellt werden sollten und die Proceßführung ganz auf die Advokaten überzugehen habe. Später folgten die übrigen deutschen Staaten. Die letzten Prokuratoren fanden sich in Württemberg. Es waren dies Mittelsleute für die Einreichung von Schriftsätzen bei dem Obertribunal und den Appellationsgerichten.[5]

Da eine der Hauptthätigkeiten des Advokaten in der Ausführung der Parteirechte vor Gericht in freier Rede besteht, so war in Deutschland die Advokatur durch Einführung des schriftlichen Verfahrens in einem wesentlichen Theile ihrer Wirksamkeit gehemmt und mußte sich darum mit der Prokuratur verschmelzen. Eine lebensfähige Advokatur setzt das mündliche Verfahren voraus und ist die Frage ihrer Trennung erst mit Einführung der auf mündlicher Grundlage sich aufbauenden Reichscivilproceßordnung diskutirbar geworden. Doch wäre es weit gefehlt, wollte man die Trennung, weil sie im ältern germanischen Recht bestanden und in Frankreich und England sich weiter entwickelte, sie ferner im Interesse der Advokatur liegt, ohne Weiteres im deutschen Reiche einführen. Die selbstständige Entwickelung der beiden Berufe ist in Deutschland durch das schriftliche Verfahren unterbrochen worden und würde eine Wiederherstellung derselben sich nur dann rechtfertigen, wenn hierfür ein wirkliches Bedürfniß und in Folge dessen der Wunsch nach einer solchen in fachmännischen Kreisen, namentlich innerhalb der dadurch zunächst berührten Rechtsanwaltschaft vorhanden wäre. Ist keine dieser beiden Voraussetzungen gegeben, dann hätte auch eine Wiederherstellung trotz der eben erwähnten Gründe keinen Bestand, während umgekehrt sie von selbst käme.

---

[4] Prischl: a. a. O., S. 24.

[5] Faber: Gutachten in den Verhandlungen des vierten deutschen Juristentages, Bd. I, S. 42.

Um feststellen zu können, ob sich für unsere Verhältnisse die Trennurg der beiden Funktionen empfiehlt, ist vor Allem das Wesen jeder der beiden Berufe und namentlich die Gestaltung zu untersuchen, welche die Anwaltschaft und die Advokatur in England und Frankreich genommen haben.

§ 9. Die Anwaltschaft (Prokuratur).

In England heißen die Anwälte (Prokuratoren) Attorneys oder Solicitors, welch' letztere Bezeichnung als die gewöhnliche anzusehen ist.[1] Ihre Vorbildung ist eine ausschließlich praktische. Wer Solicitor werden will, tritt in einem Alter von 10—13 Jahren bei einem solchen in die Lehre. Er wird zuerst Lehrling (articled clerc), dann Laufbursche (aut dour apprentice), der die Zustellungen besorgt. In der Regel nach fünf-, mitunter auch nach vier- oder dreijähriger Dienstleistung bei einem Solicitor muß der Candidat ein allgemeines Examen, von welchem jedoch gewisse Categorieen befreit sind, ablegen. Nach Bestehen desselben und zweier juristischer Prüfungen erfolgt die Vereidigung und Eintragung in die Rollen der Solicitors of the Supreme Court. Sie haben allein das Recht die Parteien, die auch in Person ihre Ansprüche vor Gericht geltend machen können, in ihrer Abwesenheit daselbst zu vertreten und können in bestimmten Fällen sogar plaidiren, nämlich im County Court, dann im Highe Court, so ferne es sich um Concursangelegenheiten handelt, sowie bei Verhandlungen im Bureau des Richters (Chambers). Die Solicitors nehmen ausschließlich die Informationen von den Parteien auf und verfassen darnach ihre Schriftsätze (pleadings), für welche bestimmte Formulare vorgeschrieben sind und welche sich durch Präcision und Kürze auszeichnen müssen und nur Thatsächliches enthalten dürfen. Schwierigere Schriftsätze werden

[1] Vgl. hierzu Prischl, a. a. O., S. 39 und die dort citire Litteratur; ferner Fischel: Die Verfassung Englands. Berlin 1862, S. 218 ff.; Schuster: Die bürgerliche Rechtspflege in England. Berlin 1887, S. 46 ff.

von Special Pleaders gefertigt, welche jedoch keine Plaidirbefugniß haben. Außer der Vorbereitung des Processes und der gerichtlichen Stellvertretung gehört zu den Funktionen des Solicitors noch eine sehr umfassende Thätigkeit bei der Zwangsvollstreckung. Hinsichtlich derjenigen vor Gericht unterliegen die Solicitors der strengsten richterlichen Beaufsichtigung[2] und können eintretenden Falls zeitweilig oder gänzlich suspendirt oder mit Haft belegt werden. Die Solicitors sind jedoch keineswegs auf die eigentlichen Anwaltsgeschäfte beschränkt. Sie fungiren vielfach als Gerichtsschreiber, betreiben die Geschäfte unserer Notare, sowie alle Arten von Agenturen. Häufig vereinigen sich zwei oder mehrere Solicitors zu einer Firma mit vollständig kaufmännischem Betrieb. Ihre Interessen werden durch eine mit den Rechten einer juristischen Person ausgestattete Körperschaft (Incorporated Law Society) vertreten, deren Vorstand (Council) zugleich als Ehrenrath funktionirt und die Prüfungen zum Solicitor leitet.

Während in England sich der Anwalt zum Rechts- und Geschäftsagenten ausgebildet hat, ist er in Frankreich zugleich mit dem Notar, Gerichtsschreiber und Gerichtsvollzieher ministerieller Beamter (Officier ministériel) und untersteht als solcher der Staatsanwaltschaft. Für die innern Angelegenheiten und die Disciplinarverhältnisse besteht bei jedem Gerichte auf Grund des Gesetzes vom 13 frimaire IX eine Anwaltskammer, welche die ihr durch dieses und spätere Gesetze[3] verliehenen Befugnisse ausübt. Die Aus-

[2] In England existirt übrigens die Eventualmaxime, indem ein Schriftsatz die ganze Begründung der Klage und ein Schriftsatz die ganze Begründung der Klagebeantwortung enthalten muß. Schuster: a. a. O., S. XXX. Gerade aus dieser Art des Verfahrens dürften sich die vielfachen Proceßchikanen, über die man sich so sehr in England beklagt und gegen welche die große Gewalt des Richters über den Solicitor ein Gegengewicht bilden soll, Prischl, a. a. O., S. 53, zur Genüge erklären. Vgl. über die Proceßchikanen, zu denen im gemeinen deutschen Civilproceß die Eventualmaxime Anlaß bot, Zink: Ueber die Ermittelung des Sachverhalts im französischen Civilprocesse. München 1860, S. 119 ff.

[3] Es sind dies die Gesetze vom 2. thermidor X, 17. Juli 1806 und 2 August 1832.

bildung des Anwalts (avoué) ist eine theoretische auf der Rechtsschule und eine praktische (cléricature). Nach Art. 26 Ges. vom 22. ventôse XII[4] müssen die Candidaten für die Anwaltschaft zum Mindesten auf den Rechtsschulen einen Cursus über Strafrecht, Civil- und Criminalproceß absolviren. Nicht selten treten auch absolvirte Juristen (licenciés en droit) und selbst Doctores juris in die Anwaltscarrière ein. Ihre praktische Schule machen sie als clerc bei einem avoué durch und soll die Ausbildungszeit mindestens fünf Jahre betragen. Obgleich das Bestehen einer gesetzlichen Verpflichtung hierfür zweifelhaft ist,[5] so wird doch allgemein daran gehalten. Sobald der Candidat ein Alter von 25 Jahren erreicht und ein Zeugniß der Anwaltskammer[6] über seine Moralität und Befähigung zum Anwalt beigebracht hat, kann er in eine freigewordene Anwaltsstelle einrücken. Der Candidat für eine solche Stelle wird nach Art. 91 Ges. vom 20. April 1816 durch den abtretenden Vorgänger oder im Falle von dessen Tod von den Erben desselben präsentirt, wofür an die Berechtigten ein, nicht selten sehr hoher, Betrag zu zahlen ist, welcher sich nach dem Umfang der Geschäfte des Vorgängers richtet. Daraus hat sich die Käuflichkeit der Anwaltsstellen entwickelt. Dieses Präsentationsrecht setzt das Bestehen eines numerus clausus, d. h. die Fixirung einer bestimmten Zahl von Anwälten für jedes Collegialgericht voraus. Der numerus clausus wurde durch das Gesetz vom 27 ventôse VIII eingeführt. Von der größten Bedeutung für die Preisbestimmung der Anwaltsetuden ist der Anwaltszwang, wornach jede Partei

[4] Die Stelle lautet: „Nul ne pourra ..... être reçu avoué près les tribunaux s'il n'a suivi les cours de la législation criminelle et de procédure civile et criminelle, subi un examen devant les professeurs, et s'il n'en rapporte attestation visée d'un inspecteur général.“

[5] Schlink: Commentar über die französische Civil-Proceßordnung. I. Bd. (2. Aufl.) Coblenz 1856, S. 118.

[6] Die Berechtigung zur Ausstellung eines solchen Zeugnisses wurde der Anwaltskammer beigelegt durch Art. 2, Ziff. 6 Ges. vom 13. frim. IX.

vor Gericht durch einen Anwalt vertreten sein muß, Art. 94 Ges. vom 27 ventôse VIII, und alle bei Gericht einzureichenden Schriftsätze von einem solchen unterzeichnet sein müssen, Art. 75 l. pr. c. ff. Uebrigens ist es durchaus falsch, wollte man annehmen, daß der Anwaltszwang lediglich geschaffen worden wäre, um ein Privilegium der Anwälte zu begründen. Er existirt in gleichmäßigem Interesse des Gerichts und der Parteien. Durch den Anwaltszwang soll die Rechtspflege dadurch gefördert werden, daß die Gerichte in ihrer Thätigkeit nicht durch den direkten Parteiverkehr gehindert und nicht durch Weitschweifigkeiten aller Art aufgehalten werden. In England existirt der Anwaltszwang nicht und klagt man dort über das Fehlen desselben. So äußert sich ein bei Prischl (a. a. O., S. 42) citirter Schriftsteller (Richter) folgendermaßen: „Solche Leute stehlen uns unsere Zeit, die weit nützlicher zu verwenden wäre. Ein Anwalt hätte uns die Punkte, auf die es ankommt, klar und deutlich auseinandergesetzt, statt dessen müssen wir uns selbst placken, um diesen Fall in's Klare zu bringen. . . . . . Denn nicht unsere Sache ist es, die wesentlichen gesetzlichen Gesichtspunkte aus dem Chaos herauszufinden; sie müssen uns vielmehr von der Partei producirt werden." Er besteht aber auch im Interesse der Parteien. Denn dieselben haben, namentlich in wichtigen Sachen, nicht die nöthige Ruhe, und auch nicht die Befähigung, sich klar und deutlich vor Gericht auszudrücken. Sie bringen Unwesentliches vor, vergessen Wesentliches, sind mit den Formalien des Processes nicht vertraut und würden, wenn sie sich selbst vertreten würden, in vielen Fällen durch eigene Ungeschicklichkeit ihre Sache verderben.[7]

---

[7] Vgl. auch von Ramdohr: a. a. O., S. 7 u. 8. Es heißt da: „Aber warum nicht die Vertheidigung von den Parteien selbst? An der geschickten hindert sie ein zu nahes Interesse! Sie sind nicht scharfsichtig, sie sind verblendet! Ein leidenschaftlicher Zustand raubt ihnen die nöthige Ruhe der Seele, die Blöße ihrer Gegner zu nützen, um ihre eigene zu decken. Der Richter wird durch nichtssagende Gründe betäubt und diejenige Würde, mit welcher gerichtliche Erörterungen, mehr als jede andere, betrieben werden sollte, geht,

Vor Gerichten, welche sich an Orten befinden, an denen es an Advokaten fehlt — und es sind deren ziemlich viele, da die Advokaten meist in größern Städten ihren Wohnsitz haben —, haben die Anwälte auch den mündlichen Vortrag, so daß thatsächlich an solchen Gerichten die Funktionen des Anwalts mit denen des Advokaten vereinigt sind. Außerdem können die Anwälte die summarischen Incidente und alle die Procedur betreffenden Fragen plaidiren. Art. 2 und 3 Dekr. vom 2. Juli 1812 und Art. 2 Ges. vom 27. Februar 1822.

Außer der gerichtlichen Parteivertretung haben die Avoués noch den höchst lukrativen Betrieb der Zwangsvollstreckung in Immobilien und Alles dessen, was mit derselben zusammenhängt.

Ein wesentliches Moment, ohne welches die Stellung des Avoué überhaupt nicht richtig gewürdigt werden kann, besteht darin, daß die Kosten sämmtlicher Proceduratkte von ihm an das Enregistrement bez. die Gerichtsschreiberei bezahlt werden müssen. Nach Art. 7 Ges. vom 22 frim. VII sind nämlich alle Anwalts- und gerichtlichen Akte einzuregistriren und die Gebühren hierfür von den Anwälten, Gerichtsschreibern und Gerichtsvollziehern an die Enregistrements-Einnehmerei zu bezahlen. Art. 41 cit. Ges. Die beiden Letztern nehmen dann ihren Rückgriff gegen den in der betreffenden Sache fungirenden Anwalt.

Die mitunter gar nicht so unbedeutenden Auslagen für Enregistrements und Stempel weisen den Avoué in gleichem Maße, wie die Nothwendigkeit des Ersatzes des für die Schreibstube

---

aller Wachsamkeit über ihre Aufrechterhaltung ungeachtet, unwiderruflich verloren. . . . . . Laßt den Gang gerichtlicher Verhandlungen noch so einfach sein, zur geschickten Führung eines Streites, wäre es auch nur bei einer geselligen Discussion, wird allemal vorausgesetzt eine gesunde Logik, eine gewisse Uebung im Aufstellen und Widerlegen der Gründe, die nicht in den Anlagen und Verhältnissen eines jeden Bürgers liegen. Allemal wird der Unerfahrene und Unfähige eines der Rechte, des Processes, der Dialektik kundigen Beistandes bedürfen.

(étude) gegebenen Betrages direkt auf den Gelderwerb hin und es ist keineswegs immer Gewinnsucht, wenn jener sein Augenmerk vorzugsweise auf diesen richtet, sondern auch das Bestreben, sich vor Schaden zu bewahren.

So sehr Solicitor und Avoué im Einzelnen auch von einander abweichen, in zwei Punkten gleichen sie sich, nämlich: 1. daß Beide in das Feld der Advokatur fallende Thätigkeiten verrichten, und 2. in der rein handwerksmäßigen Ausübung ihres Berufes.

ad 1. Die Plaidirbefugniß des Solicitor und des Avoué wurde bereits erwähnt (S. 44 bez. 48). Dem Solicitor werden Advokatenfunktionen leichterer Art übertragen und der französische Anwalt kann unter Umständen vor Gerichten I. Instanz als Advokat aufzutreten und die schwierigsten Sachen zu plaidiren genöthigt sein. Die Trennung der Berufsthätigkeit des Anwalts von der des Advokaten ist also keine vollständige, wenn auch im Uebrigen sich die Stellung Beider ganz wesentlich von einander unterscheidet.

ad 2. Was das Wesen des handwerksmäßigen Proceßbetriebs ausmacht, die völlige Hingabe an den Willen der Partei, unbekümmert um den möglichen Effekt der processualen Akte, findet sich bei Beiden in demselben Maße. Solicitor und Avoué sind nicht geneigt und häufig auch gar nicht in der Lage zu prüfen, ob die Einleitung eines Processes in einem bestimmten Falle von Erfolg begleitet sein kann. Der Solicitor, lediglich kaufmännisch gebildet und auf den Erwerb gedrillt, hat nicht die Befähigung, eine ihm übertragene Sache auf ihre rechtliche Haltbarkeit zu prüfen. Der Avoué kann, wenn er den Kläger zu vertreten hat, diese Prüfung vor Erhebung der Klage schon um deswillen nicht vornehmen, weil der erwähnte processual so ungemein wichtige Akt gar nicht durch ihn, sondern den Gerichtsvollzieher, in der Regel sogar durch dessen Schreiber angefertigt wird. Erst nach Zustellung der Klage begibt sich die Partei mit dem Akt zu dem darin bezeichneten Anwalt!

Wird die Anwaltschaft in England und Frankreich auch wie ein Gewerbe betrieben, so folgt dies keineswegs, wie Prischl (a. a. O., S. 313) annimmt, aus dem Wesen derselben. Die Aufgabe des Anwalts ist zunächst, wenn er den Kläger vertritt, die Klage zu erheben, vertritt er den Beklagten, dann die Erwiderung auf jene anzufertigen und das zur Vornahme dieser Akte nöthige Material zu sammeln. Wollte er hier den Anweisungen seiner Partei in allen Punkten folgen, so wäre dies sehr häufig zum Schaden der Sache. Der Anwalt hat nach eigenem Ermessen die durchaus nicht immer einfache Frage zu lösen, ob der einzuleitende Rechtsstreit Aussicht auf Erfolg hat und in welcher Weise jener begonnen werden muß. Die richtige Einleitung eines Processes ist so wichtig und in vielen Fällen so schwierig, daß sie nur von einem juristisch gebildeten Manne vorgenommen werden kann. Das Sammeln des thatsächlichen Materials, das Sichten und Ordnen desselben, das Wesentliche vom Unwesentlichen zu scheiden, was auch der Anwalt zu thun hat, da er sonst keine ordentlichen Schriftsätze anfertigen könnte, ist des Oeftern mit großen Schwierigkeiten verbunden. Mit Recht bemerkt in dieser Hinsicht Beschorner:[8] „Eine besondere Geschicklichkeit, ein besonderes Talent gehört dazu, durch Fragen aus dem Clienten das Nöthige auszuforschen zu suchen. Die meisten Laien verstehen es nicht, den Fall logisch und so vorzutragen, wie es der Anwalt zur Fertigung der Klage oder Klagebeantwortung nöthig hat. Der schlichte Landmann z. B., dessen Ausdrucksweise man besonders studiren muß, erzählt oft die überflüssigsten Dinge und ist so weitschweifig und breit, daß man in der Regel nicht klug wird, und daß man im Wege der Combination und Divination erst dahinter kommt, was er will.“[9]

---

[8] Aus einer fünfzigjährigen Anwaltspraxis. Dresden 1885, S. 31.

[9] Wegen der großen Bedeutung der Klageerhebung für den Ausgang des Processes und der dabei sich ergebenden Schwierigkeiten will Kulemann: Zur Reform des amtsgerichtlichen Civilprocesses in der Zeitschrift für Civil-

Die Assistenz bei einem Zeugenverhöre vor einem beauftragten oder ersuchten Richter ist zweifellos eine Anwaltsarbeit und doch kommt außerordentlich viel darauf an, wie diese Assistenz geübt wird, ob durch gedankenloses Zuhören oder verbunden mit geschickter Stellung von Fragen. Von der Art der Assistirung bei einem Zeugenverhöre hängt nicht selten der Ausgang des ganzen Processes ab! Kann man aber eine so wichtige Funktion einem Schreiber anvertrauen? Es muß also auch noch aus diesem Grunde der Anwalt ein gebildeter Jurist sein und nicht allein der Advokat. Denn wenn auch Rednergabe, Schlagfertigkeit und das Geschick, sich in einer öffentlichen Verhandlung zu bewegen, für den Anwalt von untergeordneter Bedeutung sind, so sind dagegen gediegene Rechtskenntnisse und die Fähigkeit, sich in verwickelten thatsächlichen Verhältnissen zurecht zu finden und den Kern der Sache aus den oft sehr verworrenen Parteiangaben herauszuschälen, für denselben unerläßlich. Zweifelsohne hat der Anwalt eine Menge rein mechanischer Arbeiten zu verrichten und zahlreiche Formalitäten zu beachten, wozu keine großen Kenntnisse erforderlich sind. Aber daraus folgt doch nicht, daß man die Anwaltschaft Routiniers übertragen soll! Nur wenn die Anwaltsthätigkeit ausschließlich eine mechanische wäre, würde sich dies rechtfertigen. Daß dies nicht der Fall ist, wurde bereits hervorgehoben. Anhänger der Trennung sehen in unsern Rechtsconsulenten die Anwälte der Zukunft,[10] mit denen dann die zur reinen Anwaltschaft übertretenden Rechtsanwälte um die Palme ringen müßten!

---

proceß (Bd. 11, S. 370) die dem Gerichtsschreiber in § 457 C. P. O. eingeräumte Befugniß zur Klageaufnahme beseitigt wissen und dem Amtsrichter übertragen, was allerdings auch nicht unbedenklich ist. Vgl. dagegen: Prischl, S. 90.

[10] Prischl, a. a. O., S. 165; Berthold: Die Nachtheile der Unterdrückung der Rechtsconsulenten für den Anwaltsstand in Nr. 41 der deutschen Rechtszeitung vom 11. Oktober 1890.

§ 10. Die Advokatur.

Der Advokat wird in England gewöhnlich Barrister genannt. Die Berufung dazu erfolgt durch eine der vier Innungen: Lincoln's Inn, Inner Temple, Middle Temple und Gray's Inn.[1] Der Candidat wird als Student zugelassen und hat dann zwölf Terms einzuhalten, d. h. zwölfmal innerhalb festgesetzter Fristen eine gewisse Anzahl von Mahlzeiten in der Halle der betreffenden Innungen einzunehmen. Das Jahr zerfällt in vier Terms, so daß die Vorbereitungszeit mindestens drei Jahre beträgt. Nach den ersten vier Terms kann der Candidat schon eine Prüfung über römisches Recht ablegen und nach neun Terms findet das große, doch keineswegs sonderlich schwierige, juristische Examen über englisches Privat-, Straf- und Proceßrecht vor einer unter der Aufsicht des Council of Legal Education, welches aus den vier Innungen gebildet wird, stehenden Commission statt. Um sich praktisch vorzubereiten, arbeiten die meisten Rechtscandidaten auch noch als pupils bei einem Barrister, wofür pro Semester ein Honorar von £ 50 zu entrichten ist. Die Ausbildung des englischen Advokaten ist außerordentlich kostspielig und die Advokatur in England daher nur Söhnen reicher Leute zugänglich,[2] woraus sich manche uns Deutsche befremdend anmuthende Erscheinungen des englischen Advokatenlebens erklären. Jene geht mehr auf Entfaltung gesellschaftlicher Tugenden, als auf das Erlangen großer Kenntnisse[3] oder wie Gneist sich aus-

---

[1] Schuster: a. a. O., S. 48.

[2] Helfferich: Engländer und Franzosen. Berlin 1852. S. 194.

[3] Nach Schuster (a. a. O., S. XXVIII) hängt diese mehr auf Aeußerlichkeiten zielende Ausbildung mit dem Institut der Civiljury zusammen. Er sagt hierüber: „Die Advokaten, welche in ihrer Praxis vor Geschworenen auftreten, müssen andere Eigenschaften ausbilden, als die, welche vor rechtsgelehrten Richtern zur Geltung kommen. Schlagfertigkeit und Beredsamkeit, Menschenkenntniß, nicht nur bei Behandlung der Zeugen, sondern auch bei der An-

drückt,[4] nicht der geistige Wettbewerb, sondern die Respektabilität des Standes wird befördert.

Die Advokaten zerfallen in zwei Classen, nämlich in die durch königliches Patent auf Vorschlag des Lordkanzlers ernannten Queens Counsel und die einfachen Barrister, welche sich früher in Apprentices und Utter Barristers schieden.[5] Die Queens Counsel sind an Stelle der Serjeants-at-law getreten, welche allein zum Richteramt berufen werden konnten, gegenwärtig aber auf dem „Aussterbeetat" sich befinden, indem keine neuen Ernennungen hierzu mehr erfolgen sollen. Ohne besondere Erlaubniß, welche jedoch stets ertheilt wird, kann kein Queens Counsel Processe gegen die Krone führen und demnach auch nicht in Straffachen als Vertheidiger fungiren. Aus der Zahl der Queens Counsel werden die Kronanwälte, der Attorney General und der Solicitor General gewählt.

Die Barrister haben im Gegensatz zu den Solicitors keinen Anspruch auf Gebühren. Die Einklagung des Honorars gilt als unanständig. Gewöhnlich erhalten sie dasselbe von den Solicitors ausbezahlt, die auch den Verkehr zwischen ihnen und den Parteien vermitteln, da direkter Parteiverkehr gegen die Etikette verstößt. Die Barrister sind nicht Beamte des Gerichts, sondern unterstehen der Aufsicht ihrer Innungen. Die Einnahmen der Letztern bestehen

---

wendung der auf den Bildungsgrad der Jury berechneten Argumente helfen bei Verhandlungen vor den Letztern mehr als juristische Kenntnisse. Es ist leicht einzusehen, daß die Rechtswissenschaft und in Folge dessen die Rechtsentwickelung unter diesen Zuständen leidet.

[4] Verhandlungen des siebenten deutschen Juristentages, Bd. 2, S. 217.

[5] Diese utter Barrister hatten sich mehr als die übrigen Studenten an den in der Innungshalle stattfindenden Disputirübungen zu betheiligen und wurden zu diesem Zwecke an die Schranke (Bar) herangerufen, hinter welcher die Vorstände der Innungen (Readers oder Benchers genannt) ihre Plätze einnehmen. Man nannte dies die Berufung zur Barre (call tho the bar). Schuster: a. a. O., S. 48.

aus Beiträgen der Mitglieder und fließen außerdem noch aus ihren großen Besitzthümern. Zu diesen gehören die umfangreichen Häusercomplexe, in denen die Barrister ihre Cabinette (chambres) haben und worin sich verschiedene Lokalitäten zu gemeinsamen Gebrauch, ja sogar Kapellen und Kirchen sich befinden.

Drei Momente sind es, auf denen die angesehene Stellung des Barrister beruht: Die corporative Abgeschlossenheit, das Enthalten vom Parteiverkehr und die Unklagbarkeit des Honorars.

Die corporative Abgeschlossenheit durch die Innungen realisirt verleihen dem englischen Advokatenstande seine Macht, welche mit der Gewalt der aus den Advokaten hervorgegangenen Richter auf's Engste zusammenhängt, und seinen Einfluß auf die Rechtsbildung. Jene dient jedoch keineswegs immer dem Gemeinwohl, sondern vielfach auch einseitigen Standesinteressen, was, wie uns Helfferich a. a. O. (Note 2) mittheilt, zu mancherlei Unzufriedenheit Anlaß bietet.

Ihre unnahbare Vornehmheit wird erhöht durch das Enthalten vom Parteiverkehr. Es unterliegt keinem Zweifel, der Advokat verliert durch denselben und insbesondere durch die persönliche Regulirung des Geldpunktes an seiner Würde. Auch sind verschiedene Mißbräuche, von denen später (S. 57) die Rede sein wird, beim Fehlen eines direkten Parteiverkehrs ausgeschlossen. Will man die Advokatur wirklich vornehm gestalten, dann muß man jenen ihren Trägern verbieten. Damit ist aber nur den Advokaten, nicht der Sache gedient.[6] Der Barrister sieht die Dinge nicht mit eigenen Augen, sondern durch die Brille des Solicitor. Thatsächlichen Feststellungen durch juristisch ungebildete Personen vorgenommen ist aber kein großer Werth beizulegen (S. 50). Wohl können die Barrister die Parteien sprechen,

[6] Selbst Gundermann, gewiß ein Anhänger englischer Justizzustände, bezeichnet a. a. O., S. 17 diesen Punkt als reformbedürftig.

doch nur in Beisein des Solicitors, in dessen Händen die ganze Prozeßinstruktion liegt.

Durch die Unklagbarkeit des Honorars erhöht der englische Advokatenstand seine Unabhängigkeit, indem er keinem Richter Gelegenheit gibt, sich in seine Erwerbsverhältnisse zu mischen, und jede öffentliche Diskussion über die Thätigkeit des Advokaten von vorneherein ausschließt. Aber Unklagbarkeit ist keineswegs gleichbedeutend mit Verzicht auf das Honorar. Der Solicitor erhebt dasselbe mit seinen Gebühren von der Partei. Trotz aller Unklagbarkeit erhalten die Barrister ihre Honorare weit prompter, als unsere Rechtsanwälte ihre Gebühren, die oft sehr viel Mühe haben, dieselben von den Clienten zu bekommen. Das Odium des Gelderhebens fällt auf den Solicitor, während der Barrister, den die Partei gewöhnlich gar nicht kennt, als Gentlemen dasteht!

Schließt die besondere mit den eigenthümlichen socialen und Justizzuständen Englands auf das Engste zusammenhängende Stellung des Barrister eine Uebertragung auf deutsche Verhältnisse absolut aus, so wäre dagegen eine Nachbildung der französischen Advokatur, falls sich solche empfehlen würde, für Deutschland durchaus keine Unmöglichkeit, indem uns die gesellschaftlichen und Justizzustände Frankreichs näher stehen.

Nachdem der französische Student die Rechtsschule absolvirt und den Grad eines licencié en droit erworben hat, wird er avocat stagiaire. Die Stage oder praktische Ausbildung des Advokaten dauert drei Jahre und kann bei ungenügenden Leistungen verlängert werden. Art. 30 ff. Ges. vom 20. Nov. 1822. Die Beaufsichtigung des sittlichen Vorhaltens und die Ausbildung der avocats stagiaires erfolgt durch den Disciplinarrath desjenigen Barreaus, bei welchem jener zum Zwecke seiner Ausbildung eingetreten ist. Art. 12 u. 13 cit. Ges. Nach Ablauf der Stage erfolgt die Aufnahme als avocat durch Eintragung in eine bei den Gerichten zu führende Liste (tableau) und zwar gewöhnlich in die

Liste des Tribunals am Domicil des Aufzunehmenden. Art. 29 Ges. vom 22 ventôse XII. Nach Art 4 Ordon. vom 27. August 1830 erlangt der Advokat dadurch das Recht an allen französischen Appellhöfen und Gerichten zu plaidiren. Für die Advokaten am Cassationshof und beim Staatsrath, welche gleichzeitig als Anwälte fungiren, gelten besondere Regeln, die hier nicht weiter in Betracht kommen.

Strenge auf äußern Anstand haltend und Alles ausschließend, was nur den Schein einer Reklame entwecken könnte, haben die französischen Advokaten gleich den englischen, das Princip der Uneinklagbarkeit des Honorars angenommen und zwar aus denselben Gründen wie die Letztern. Auch in Frankreich beruht auf diesem Grundsatze die Unabhängigkeit und das Ansehen des Standes. „Nous avons consacré“, sagt Mollot,[7] „la règle immuable de notre ancien barreau, d'après laquelle toute demande judiciaire en payement d'honoraires est interdite à l'avocat sous peine de radiation de tableau. Cette vieille tradition constitue l'honneur de notre profession. Et c'est qui fait, surtout, que cette profession ne ressemble à aucune autre.“ Hier, wie in England, setzt aber diese Unklagbarkeit das Vorhandensein von Mittelspersonen voraus, welchen die Aufgabe zufällt für die Honorare der Advokaten Sorge zu tragen. Und in der That erhalten in Frankreich häufig die Advokaten ihre Honorare durch die Anwälte und Gerichtsvollzieher ausbezahlt, was zu mancherlei Geschäftsverbindungen mit diesen Personen führt. Dieselben bestehen mitunter theils darin, daß der Advokat gegen ein Fixum die sämmtlichen Sachen einer Anwaltsetude zu plaidiren übernimmt oder das Honorar mit dem Anwalt oder Gerichtsvollzieher theilt. Bisweilen gründen sich diese Verbindungen auch auf die

---

[7] Règles de la profession d'avocat. Paris 1866, citirt bei Prischl a. a. O., S. 362.

Käuflichkeit der Schreibstuben, indem der Advokat dem Bewerber um eine Etude den Kaufpreis vorschießt und dafür die anfallenden Sachen erhält.[8] Uebrigens findet sich auch die umgekehrte Praxis, indem Advokaten mit ihrem Honorar die Kosten für den Anwalt und Gerichtsvollzieher von der Partei erheben. Anstatt also, daß sie von den genannten Personen mit der Vertretung beauftragt werden, werden diese von jenen aufgestellt. Man findet eine solche Praxis mit der Würde des Advokaten nicht vereinbar[9] und wäre dieselbe allerdings unmöglich, wenn man den französischen Advokaten gleich den englischen jeden Parteiverkehr verbieten würde. Allein eine solche corporative Abgeschlossenheit ist mit den wirthschaftlichen und socialen Verhältnissen Frankreichs und dem Nationalcharakter der Franzosen unvereinbar. Eben darum ist in Frankreich die Advokatur auch ärmern Leuten zugänglich und klagt man dort

---

[8] Interessante Aufschlüsse über diese Punkte gibt ein in dem Gutachten von Euler (a. a. O., S. 317) mitgetheilter Auszug aus dem Briefe eines angesehenen französischen Advokaten. Es heißt dort: „Ce que les devoirs de la profession inter disent, c'est surtout l'acceptation de tout mandat verbal ou écrit, à moins que ce ne soit pour un parent très proche et accepté gratuitement. On a voulu éloigner de la profession tout ce qui tend à la rapprocher de la profession d'avoué ou de l'homme d'affaires. Malgré cette défense qui entraîne la radiation, un grand nombre d'avocats acceptent des mandats verbaux, et pour se mettre à l'abri des conséquences de ce fait, ils ont le soin d'entendre avec un avoué ou un homme d'affaires, qui devient alors le prête nom de l'avocat. C'est un des manquements aux devoirs professionels que l'indulgence du conseil de l'ordre ne veut punir que quand il signale par un acte d'improbité ou d'indélicatesse. . . . . Un pratique qui n'est pas moins vicieuse, et qui blesse tout à la fois l'indépendance et la délicatesse de l'avocat, c'est le fait malheureusement trop fréquent de s'entendre avec un avoué etc., pour que ces personnes lui envoient toutes les affaires de leur étude, sauf à compter entre eux et à partager les honoraires reçus. Ou bien l'avocat s'engagera à plaider toutes les causes d'une étude moyenant une somme fixée d'avance à forfait. Ou bien l'avocat prêtera une somme d'argent à l'avoué, à l'huissier etc., pour qu'ils achètent une étude et que ces derniers lui envoient toutes les causes de leur étude."

[9] Mollot: Abrégé des règles de la profession d'avocat. Paris 1852, Nr. LI, in der Uebersetzung mitgetheilt bei Prischl, a. a. O., S. 416.

über durch allzugroße Concurrenz herbeigeführte Uebelstände, wie gleichfalls aus dem bei Euler mitgetheilten und in Note 8 erwähnten Briefe (a. a. O., S. 339) ersehen werden kann: „De nos jours en France le barreau a été le refuge d'une foule de gens nécessiteux dont le nombre et les besoins ont fait faiblir les rigueurs de la discipline. Hélas! il faut vivre, les confrères en désarroi ont perdu de vue qu'ils laissaient abaisser le niveau et la dignité de la profession. Combien d'avocats, hélas! réduits par les nécessites de la vie à accepter toutes les causes, bonnes ou mauvaises, tandis qu'ils devraient assez se respecter pour arrêter les procès à leur naissance, n'en a-t-on pas vus aller jusqu'à les faire naître et les accumuler pour en tirer profit.

Il est vrai que dans les hautes sommités du barreau, ces faits n'existent pas ou sont rares; ils sont riches ou le sont devenus comme les anciens orateurs romains, et alors les tentations ne se présentent plus pour se risquer contre la probité et la délicatesse; mais les mauvaises tendances existent dans les couches inférieurs de la société des avocats." Und Mollot,[10] gewiß ein unverdächtiger Zeuge, erzählt uns, daß der Conseil häufig eine üble Gepflogenheit zu bestrafen gezwungen sei, nämlich: „Einverständniß mit Kerkermeistern oder Gefangenenaufsehern, die ein Geschäft daraus machen, die Vertheidigung des Beschuldigten gegen ein Trinkgeld oder andere noch unwürdigere Entlohnungen zu verkaufen."

Wenn diese Dinge etwas ausführlicher besprochen wurden, so geschah dies, um darzuthun, daß auch bei der von der Prokuratur losgelösten Advokatur Ausschreitungen stattfinden und nicht bloß bei der mit jener verbundenen und es darum den thatsächlichen Verhältnissen keineswegs entspricht, wenn man alle Schuld hierfür

---

[10] No. XXXIV bei Prischl, a. a. O., S. 409.

der Verbindung mit der Prokuratur, wie dies Prischl zu thun scheint, aufbürdet. Man bekommt ein völlig falsches Bild von der Sache, wenn man alles Licht auf die Advokatur und allen Schatten auf die Prokuratur vertheilt.

§ 11. Die Trennungsfrage.

Nachdem sich der vierte deutsche Juristentag beinahe einstimmig gegen die Trennung der Advokatur von der Prokuratur ausgesprochen,[1] ferner noch Gneist (a. a. O., S. 91) sich dagegen erklärt hatte und sie weder auf dem Anwaltstage zu Cöln noch bei Berathung der Rechtsanwaltsordnung in Frage gekommen war, hat neuerdings Prischl dieselbe in dem mehr erwähnten Buche mit großer Wärme vertheidigt.

Prischl geht davon aus, daß die Advokatur ein auf Ehre und Uneigennützigkeit gegründeter Beruf sei, der eine Vereinigung mit dem Gewerbe der Prokuratur, deren Träger er mit dem Peiniger in der heiligen Schrift vergleicht (a. a. O., S. 10), nie und nimmer vertrage. Die Prokuratur (Anwaltschaft) ist nach ihm lediglich eine auf mühelosen Erwerb gerichtete Thätigkeit. Die Trennung habe, wie übrigens bereits (S. 42) erwähnt wurde, schon im ältern deutschen Processe bestanden und sei die Vereinigung beider Berufe bei uns erst in späterer Zeit erfolgt. Nach Schilderung der Verhältnisse in Frankreich und England geht Prischl auf die seiner Ansicht nach wenig trostreichen Zustände der Advokatur in Deutschland und Oesterreich über, wofür er sich u. A. auf die in dem bekannten Werke von Zink[2] enthaltenen Ausführungen beruft. Nachdem er noch die verschiedenenen in Deutschland und Oesterreich gemachten Versuche, den Stand zu heben als mißlungen dargestellt, weil sie

---

[1] Verhandlungen Bd. 2, S. 320.

[2] Ueber die Ermittelung des Sachverhalts im französischen Civilprocesse. München 1860, S. 119 ff.

den Trennungsgedanken nicht beachtet hätten, hebt er die schlimmen Erfahrungen hervor, welche man bei dem gegenwärtigen Stand der Dinge mit der Freiheit der Advokatur in Oesterreich gemacht habe.

Endlich kommt er auf die positive Begründung seines Vorschlages und die Bekämpfung der gegentheiligen Ansichten. Er führt darüber Folgendes aus: (S. 269 ff.)

1. Die Vereinigung der Thätigkeit des Advokaten mit der des Anwalts könne unmöglich länger aufrecht erhalten werden, ohne daß auf die volle Freiheit des Advokaten verzichtet werden müsse. Während der Anwalt stets in einem Abhängigkeitsverhältnisse zum Gerichte stünde, sei die Advokatur eine freie Kunst, die an keine Grenzen gebunden wäre.

2. Die Zustände, wie sie in der Rheinprovinz, Hannover und Braunschweig bis zur Einführung der Reichsjustizgesetze bestanden, und wie der bayerische Entwurf einer Advokatenordnung von 1870 sie geplant, seien nur ein Zerrbild der französischen Einrichtungen und zu verwerfen.

3. Wendet sich Prischl gegen das oben erwähnte Votum des vierten deutschen Juristentages und behauptet, daß die Frage zu enge gestellt worden sei, indem der Anwalt nur als Proceßvertreter in Betracht gezogen worden wäre, man aber nicht auf die andern von demselben noch außerdem zu verrichtenden Funktionen Rücksicht genommen habe.

4. Führt er verschiedene gegen die Vereinigung gerichtete Aeußerungen deutscher und österreichischer Schriftsteller an.

5. Die gewerbliche Parteivertretung sei nothwendig und könne nur von dem Richter untergeordneten Persönlichkeiten wahrgenommen werden. Das Geschäft sei ein zu einfaches und erfordere nur gewöhnliche Schulbildung. Ein solches Geschäft

sei mit dem edlen Fürsprechberufe nicht vereinbar. Auch sei das Verhältniß zu der Partei beim Prokurator ein anderes, als beim Advokaten. Jenes wäre ein Mandat, dieses ein reines Schutzverhältniß.

6. Nur bei der Trennung sei es möglich, daß der Advokat eine so hohe sociale Stellung einnehme, wie dies in England und Frankreich der Fall wäre. Der Gegensatz zwischen beiden Berufen wäre auch ein socialer.

7. Der Fürsprecher könne allein, wenn er von der Prokuratur befreit sei, das große Vertrauen erwerben, welches er zu einer fruchtbringenden Thätigkeit unbedingt bedarf.

8. Wendet er sich gegen die doppelte Proceßvertretung und die Kostenvermehrung. Letztere sei nur eine scheinbare. Denn der Zwang zu einer gerichtlichen Vertretung fiele bei Realisirung seiner Vorschläge fort und außerdem sei bei einer großen Anzahl von Rechtsstreitigkeiten, mit denen gegenwärtig sich Advokaten befassen, die Mitwirkung solcher unnöthig, wodurch sogar im Ganzen eine Kostenersparung eintreten würde. Von einer Abhängigkeit des Advokaten vom Prokurator könne bei Durchführung der Trennung keine Rede sein, ebensowenig, wie von einer Verschleppung der Processe. Klage man doch gerade gegenwärtig in Deutschland über eine solche, wo doch beide Funktionen vereinigt wären!

ad 1. Es unterliegt keinem Zweifel, daß die Trennung der Prokuratur von der Advokatur im Sonderinteresse der Letztern liegt. Die Advokatur wird durch die ihr anklebende Prokuratur in ihrer Entwickelung gehemmt. Die volle Freiheit der Advokatur ist nur möglich, wenn sie ganz und gar nichts mit der Anwaltschaft zu thun hat und darin gebe ich Prischl ebenfalls vollkommen Recht, wie übrigens bereits schon hervorgehoben wurde (S. 55 u. 56), daß diese Freiheit und Unabhängigkeit durch die Unklagbarkeit des Honorars wesentlich gesteigert wird. Ferner hat nicht nur die Advokatur mit dem Sammeln des Proceßmaterials und dem dadurch bedingten höchst umfangreichen Parteiverkehr, sowie der Beobachtung einer Reihe von Formalien nichts zu schaffen, sondern es ist ihr auch die peinliche Regulirung der Kosten mit der Partei und die so unangenehme Thätigkeit nach dem Processe, wie die Ueberwachung der Zwangsvollstreckung und die sonstige Erledigung des Urtheils fremd. Alle diese Dinge nehmen nicht nicht nur sehr viel Zeit in Anspruch, sondern sie haben auch eine niederdrückende Wirkung. Daher ist es denn auch gekommen, daß die deutsche Rechtsanwaltschaft nicht den Einfluß auf die Rechtsentwickelung besitzt, wie der englische und der französische Advokat, welch' Letzterer in der Rechtswissenschaft sogar eine führende Stellung einnimmt. Es ist leider nur zu wahr, was Lorenz von Stein[3] über diesen Punkt sagt: „Die Gemeinsamkeit des deutschen Advokatenstandes beruht höchstens in dem Bewußtsein der gleichartigen Funktion und Stellung, aber nicht in dem, worin sie eigentlich bestehen sollte, in der Gemeinschaft des Gefühls das Recht des eigenen Volkes zu vertreten und weiter zu bilden. Dem Advokaten in Deutschland fehlt dadurch das, was den Advokaten in Frankreich und England so stark und so stolz macht, das Bewußsein nicht bloß ein Anwalt in Rechts- und Geschäftsfragen des Einzelnen, sondern zugleich ein Träger der Rechtsbildung seiner Nation zu sein, in der Mitte des Rechtslebens des Ganzen zu stehen, mit der Mühe und dem Ernst der Sache auch in ihr Ruhe und Befriedigung zu finden, für sie mit Einsetzung seiner Kraft wirken zu können. Auch unser Advokatenstand ist ein örtlicher, ihm fehlt das Bewußtsein seines Standes, er ist Kläger und Beklagter, Vormund und Geschäftsmann, aber er hat im Rechtsleben Deutschlands keine Initiative. Er ist voll-

---

[3] Gegenwart und Zukunft der Rechts- und Staatswissenschaft Deutschlands. Stuttgart 1876, S. 38 und 39.

ständig in den Hintergrund gedrängt durch die theoretische Litteratur, er ist ihr gegenüber völlig wort- und machtlos geworden, und in dem Gefühle, daß dem so ist, ist er im Begriff von einem Berufe zu einem Geschäft herabzusinken." Seit der Zeit (1876), als der berühmte Lehrer der Staatswissenschaft diese Worte niederschrieb, ist innerhalb der deutschen Rechtsanwaltschaft in dieser Beziehung Vieles besser geworden und beginnt auch sie sich am Rechtsleben der Nation zu betheiligen, namentlich legt die aus ihren Kreisen unternommene Begutachtung des Civilgesetzbuches[4] hierfür ein glänzendes Zeugniß ab. Es wäre dies aber zweifellos noch mehr der Fall, wenn die Trennung auch bei uns bestünde.

Nichtsdestoweniger begegnet der Trennungsgedanke bei der großen Mehrzahl der deutschen Rechtsanwälte keiner sympathischen Aufnahme. Wäre dies der Fall, dann wäre, nachdem jener am vierten Juristentage einmal angeregt war, eine ähnliche Agitation erfolgt, wie s. Zt. zu Gunsten der freien Advokatur und aller technischen Bedenken ungeachtet auch durchgedrungen. Doch nichts von alledem ist geschehen. Der vierte Juristentag verhielt sich ablehnend und der Anwaltstag in Cöln hat die Frage nicht einmal gestreift. Der sicherste Beweis für das Fehlen jedes Verständnisses dafür in deutschen Rechtsanwaltskreisen ist die Aufnahme, welche Prischl's Buch selbst gefunden hat. Wäre ein mit so beredten Worten gemachter Vorschlag auf fruchtbares Erdreich gefallen, so hätte er mächtige Blüthen treiben müssen. Dies war jedoch keineswegs der Fall. Das Buch Prischl's wurde, von einzelnen Anhängern abgesehen, von dem Gros der Rechtsanwaltschaft vollständig todtgeschwiegen, und hat der deutsche Anwaltsverein sich mit den darin angeregten Fragen in keiner Weise beschäftigt. Wenn auch zugegeben werden muß, daß der für die Publikation

[4] Gutachten aus dem Anwaltstande über die erste Lesung des Entwurfes eines bürgerlichen Gesetzbuches. Berlin 1890.

gewählte Zeitpunkt ein ungünstiger war, indem damals (1888) Aller Augen auf den soeben veröffentlichen Entwurf des bürgerlichen Gesetzbuchs gerichtet waren und mag auch die Einseitigkeit der Darstellung Manchen verletzt haben, so sind dies doch keine genügenden Erklärungsgründe für das ablehnende Verhalten der deutschen Advokatur. Der Grund liegt vielmehr in dem Interesse der Anwaltschaft an der Vereinigung, durch welche das Trennungsinteresse der Advokatur völlig paralysirt wird. Bei dem Vollzug der Trennung könnten nicht alle Rechtsanwälte Advokaten werden, ein nicht unbeträchtlicher Theil müßte zur reinen Anwaltschaft übertreten. Damit würde aber dieser die Plaidirbefugniß einbüßen und in seiner ganzen socialen Stellung eine capitis diminutio erleiden! Das will niemand. Wenn aber die Rechtsanwaltschaft selbst keine Trennung will, dann wird sie auch nicht erfolgen und zwar um so weniger, als, wie später gezeigt werden wird, für die Rechtspflege hierfür kein Bedürfniß existirt.

ad 2. Wäre noch ein weiterer Beweis nothwendig, daß derartige Bestrebungen der deutschen Rechtsanwaltschaft vollständig fremd sind, dann wäre dies die Entwickelung, welche Advokatur und Anwaltschaft in den ehemals französischen Landestheilen genommen haben. Nach den Befreiungskriegen, wie nach dem letzten großen Kriege von 1870/71, welche bekanntlich Gebietserwerbungen von Frankreich brachten, war das Bestreben der Justizverwaltungen der an den Erwerbungen betheiligten Staaten bez. des Reichs vor Allem dahin gerichtet, die Vereinigung der Advokatur mit der Anwaltschaft durchzuführen, ohne weder von Seiten der Advokaten, noch von Seiten der Bevölkerung jener Provinzen irgend welchen Widerstand zu erfahren. Bei den Erwerbungen in den Jahren 1814 und 1815 ging dies ganz besonders leicht, da die französische Advokatur in ihren Privilegien durch die Gesetzgebung Napoleon's vielsach beeinträchtigt war. Gemäß Art. 32 Ges. vom 22 ventôse XII und Art. 9 Dekr. vom 2. Juli 1812 durften die Anwälte, welche den Grad eines licencié en droit erworben hatten, vor den Gerichten, an welchen sie amtirten, und in Sachen, in welchen sie als Parteivertreter bestellt waren, auch plaidiren. Darin lag aber der Keim zur Vereinigung. Man brauchte eben nur mehr Rechtslicentiaten zu Anwälten zu machen und damit war jene thatsächlich vollzogen, da die Advokaten ihnen gegenüber nicht aufkommen konnten. In der Pfalz und Rheinhessen wurde das Institut der Advokat-Anwälte eingerichtet und die Advokaten gänzlich abgeschafft. Letztere wurden zwar in der Rheinprovinz bei Reorganisation der Gerichte im Jahre 1820 beibehalten, jedoch am Appellationsgerichte und an jedem der Landgerichte, wie in jenen Provinzen, ein numerus clausus von Advokat-Anwälten eingeführt und strenge lokalisirt. Die Advokaten konnten an sämmtlichen rheinischen Gerichten, in Anwaltssachen aber nur unter Assistenz eines Advokat-Anwalts plaidiren. Der französischen Sitte entsprechend traten jedoch Advokat-Anwälte und Advokaten fast gar nicht vor den Einzelgerichten auf, wo die Parteivertretung in den Händen der Rechtsconsulenten lag (S. 33). Da es im Vergleich zur Zahl der Advokaten nur wenig Advokat-Anwälte gab, so dauerte es ziemlich lange, nicht selten 8—10 Jahre und darüber, bis ein Advokat eine Anwaltsstelle erwarb. Allein auch der rheinische Anwalt war, von der Verbindung mit der Advokatur ganz abgesehen, wesentlich vom Avoué verschieden. Die Käuflichkeit der Anwaltsstellen fand am Rhein niemals Eingang, ferner wurde die Leitung der Immobiliar-Zwangsversteigerungen (vgl. S. 48), eine mit der Advokatur absolut unvereinbare Thätigkeit, welche in Frankreich zu allerlei Collisionen mit dem Subhastaten, den Gläubigern und den Ansteigerern Anlaß gibt, durch die Subhastationsordnung den Anwälten entzogen und den Friedensgerichten übertragen. Am Rhein hat sich die Anwaltschaft als Proceßprokuratur[5]

[5] Gneist, a. a. O., S. 91.

frei von allen Nebenbeschäftigungen entwickelt. In Folge dessen genoß der Anwalt dort ein großes Ansehen. Der frühere Oberstaatsanwalt und spätere bayerische Justizminister von Bomhard kann in seiner Gegenschrift[6] auf Zink's Sachverhalt gar nicht genug die Ehrenhaftigkeit der pfälzischen Advokat-Anwälte rühmen, welche er zum großen Theil auf das Enthalten von Nebengeschäften zurückführt.

Dieser ideale Charakter der rheinischen Advokat-Anwaltschaft wurde wesentlich gefördert durch die Entwickelung, welche das Gerichtsvollzieherinstitut am Rheine genommen hat, indem durch dasselbe jener verschiedene lästige und mit dem Advokatenberufe unvereinbare Arbeiten abgenommen wurden. Es erfolgten nämlich nicht nur die Zustellungen und Vollstreckungen von Urtheilen, sondern auch die sonstige Regulirung der letztern unter Beihilfe der Gerichtsvollzieher. Zahlungen geschahen in zahlreichen Fällen an diese Beamte,[7] ebenso wurden von ihnen Wechsel protestirt, ein Geschäft, das bekanntlich in dem größten Theile des nördlichen und mittlern Deutschlands von Rechtsanwälten und Notaren besorgt wird! Für den heutigen Civilproceß würde es sich im Interesse des Ansehens des Anwaltsstandes gleichfalls empfehlen, wenn gewisse niedere Funktionen der Anwaltschaft, insbesondere das Arrest- und Mandatsverfahren, desgleichen die gesammte Zwangsvollstreckung, soweit es sich dabei nicht um eine Mitwirkung der Gerichte handelt, ausschließlich von den Gerichtsvollziehern besorgt würden, die dann entsprechend vorgebildet werden müßten!

In Frankreich hatten sich inzwischen Advokatur und Anwaltschaft, namentlich seit den Ordonnanzen vom 27. Februar und 22. November 1822, immer weiter von einander entfernt. Die Plaidirbefugniß der Anwälte wurde sehr erheblich zu Gunsten der

---

[6] Die Civilrechtspflege in der bayerischen Pfalz verglichen mit Herrn v. Zink's Schrift: „Ueber die Ermittelung des Sachverhalts." München 1861, S. 33.

[7] Gegenwärtig dürfen m. W. in Preußen die Gerichtsvollzieher Zahlungen nur im Falle der Zwangvollstreckung annehmen.

Advokaten eingeschränkt und die Käuflichkeit der Anwaltsstellen durch das Gesetz vom 28. April 1816 ausgebildet (S. 46). In Elsaß-Lothringen war es daher nicht mehr möglich, die Vereinigung in der oben angedeuteten Art und Weise von selbst sich vollziehen zu lassen. Durch § 16 Ges. vom 14. Juli 1871 wurde unter Belassung einer Uebergangszeit auch für die Anwaltschaft die Fähigkeit zum Richteramte verlangt und § 18 desselben Gesetzes hob die Käuflichkeit der Anwaltsstellen unter Entschädigung der Schreibstubenbesitzer auf. Ferner erklärte § 1 Ges. vom 8. November 1872 die Vereinbarkeit beider Stellungen für zulässig. Es gab dort also: Advokat-Anwälte, Advokaten und Anwälte. Diejenigen Anwälte, welche licenciés en droit waren, wurden, soferne sie nicht optirten, fast ausnahmslos Advokat-Anwälte, ebenso mehrere der vorhandenen Advokaten. Am 1. Oktober 1879 gab es nur mehr wenige Advokaten und Anwälte aus der französischen Zeit, die dann zum größten Theil in die Rechtsanwaltschaft eintraten. Die mit Einführung derselben erfolgte Aufhebung jeder der beiden Stellungen und der definitive Vollzug ihrer Vereinigung geschah leicht und ohne Störung.

ad 3 und 8. Die Trennungsfrage wurde dem Juristentage allerdings nur bezüglich des Proceßverfahrens vorgelegt und demgemäß von diesem auch nur in dem gedachten Sinne verneint und zwar mit Recht. In dieser Beziehung bin ich vollständig mit Gundermann, auf den sich Prischl (a. a. O., S. 286 u. 287) beruft, einverstanden, wenn er sagt (a. a. O., S. 34): „Es ist mit diesem Ausspruche nur von den Funktionen der Anwälte bei der Proceßvertretung die Rede. Die Wirksamkeit der sog. Anwälte der niedern Branche ist aber eine viel weiter reichende, nicht bloß eine processuale, abgesehen davon, daß sie auch Funktionen der freiwilligen Gerichtsbarkeit ausüben, insbesondere Verträge und Willenserklärungen aller Art aufnehmen, sind dieselben auch in Verwaltungssachen, hauptsächlich aber als Geschäftsvermittler und Agenten thätig. Wenn nun von einer Vereinigung der Funktionen der beiden Arten von

Parteivertretern in der Stellung der Advokaten die Rede ist, so glaube ich, daß man nicht genug hervorheben kann, wie hierbei nur eine Zusammenfassung der juristisch processualen Thätigkeit bezielt ist. . . . . Die Reinhaltung der Advokatur von Thätigkeiten, die sich mit ihrer hohen Aufgabe nicht vertragen, muß so sehr betont werden, als die Reinhaltung des Richteramtes." Die Thätigkeiten aber, von denen die Advokatur rein gehalten werden muß, sind alle jene Thätigkeiten, welche bereits oben (S. 21) unter dem Ausdruck: Geschäftsagentur, wozu auch Curatoren- und Concursverwalterstellen gehören, zusammengefaßt wurden. Diese Arbeiten kommen den Rechtsconsulenten zu, nicht aber die Proceßprokuratur, ebensowenig wie die mündliche Ausführung der Parteirechte.[8] Hier ist der Punkt, wo die Scheidung sich vollziehen muß.

Daß die Einleitung und Instruktion des Processes, welche beide der Proceßprokuratur obliegen, einen durch und durch gebildeten Juristen erfordern, wurde bereits früher hervorgehoben (S. 50). Ist dem aber so, dann ist auch kein Grund vorhanden, die Führung eines Processes zwei rechtsgelehrten Personen zu übertragen. Mit Recht bemerkt in dieser Beziehung Faber:[9] „Die Einheit der Leitung geht verloren, die Verantwortlichkeit wird geschwächt, die Kosten für die Partei gehäuft. Mechanische Arbeiten mag immerhin der Advokat, um seine Zeit und Kraft zu sparen, von Personen, die er selbst in seine Dienste nimmt, verrichten lassen; aber die Instruktion und Leitung des Processes gehört in das Gebiet der geistigen Arbeit." Und Euler sagt:[10] „Der

[8] Auch § 35, Abs. 3 G. O. gibt ihnen hierauf kein Recht, indem § 143, Abs. 2 C. P. O. dadurch nicht aufgehoben wurde, wohl aber zum Betreiben der Geschäftsagentur. Wenn sie sich lediglich im Hinblick darauf consolidiren, so kann das für die Rechtsanwaltschaft nur von Vortheil sein, weil allein auf diesem Wege die so nothwendige Arbeitstheilung erreicht werden kann.

[9] Verhandlungen des vierten deutschen Juristentages, Bd. 1, S. 44.

[10] Ebendaselbst, S. 320.

Anwalt, welcher die Schriftsätze abfaßt, hat die weitere Ausführung schon im Kopfe. Er muß die Sache schon so studirt haben, daß sein juristisches Denken bei ihm zum Plaidiren wird. Die Resultate seines Studiums und eine kurze Begründung legt er in die Schriftsätze und behält die weitere Ausführung dem Plaidoyer vor. Der Advokat, welcher mit der Proceßsache ganz unbekannt, solche von einem Anwalte verfaßten Schriftstücke zum Zwecke des mündlichen Vortrages erhält, hat also die Deduktion eines Andern zu begründen und zu erörtern. Er ist vielleicht mit der Proceßinstruktion nicht ganz einverstanden, würde die Sache anders angegriffen und bearbeitet haben; gleichwohl kann er nur das Organ des Anwalts sein." In ähnlichem Sinne sprach sich früher schon Mittermaier aus:[11] „Nicht selten ist der Advokat genöthigt, im Plaidoyer der Sache einen ganz andern rechtlichen Gesichtspunkt zu Grunde zu legen, als wie er von dem nicht genug juristisch gebildeten Avoué in den Schriften zur Geltung gebracht wurde, und der wegen der durch die Proceßschriften gewonnenen Grundlagen nicht mehr geändert werden kann." Es ist hier ferner noch Schlink zu erwähnen, gewiß eine Autorität in unserer Frage. Er sagt in seinem allen rheinischen Juristen der alten Schule wohlbekannten Werke:[12] „Auf der andern Seite darf aber auch nicht übersehen werden, daß dort, wo die Trennung besteht, der Anwalt sich nicht vortheilhaft entwickelt hat und ihn daher der Groll des Publikums trifft. Derselbe hat es dahin gebracht, daß ein namhafter Theil der Advokaten von ihm abhängig ward, weil er die Sachen vergibt. Viele Processe sind faktischer Natur, und da der Anwalt sie schriftlich vorbereitet, so scheint es natürlich und zweckmäßig, ihm auch deren mündlichen Vortrag zu gestatten. . . . . Auch mangelt es dem Advokaten an Mitteln, auf

[11] Archiv für civilistische Praxis, Bd. 44, S. 432.

[12] Commentar über die französische Civilproceßordnung. Coblenz 1856, S. 134 (2. Aufl.).

den Gang der Procedur einzuwirken, weil hierin der Anwalt als dominus litis erscheint, mithin es jenem an der Möglichkeit gebricht, die etwaigen Vorstöße von diesem zu verhindern oder zu verbessern. .... Rechnet man zu allem diesem den Geldpunkt, so möchte die Einheit des Sachwalters den Sieg davon tragen." Bähr und Wach, so sehr sie auch hinsichtlich der Bedeutung der Schriftsätze für das Proceßverfahren von einander abweichen, darüber, daß der Schriftenwechsel der Anwälte die Vorbereitung für das mündliche Verfahren bilden soll, sind Beide einig. So sagt Bähr:[13] „Hat das mündliche Wort im Proceß seinen Werth, so hat es aber auch nicht minder die Schrift. Zunächst für denjenigen selbst, welcher schreibt. Es möge hier ein Wort Ihering's[14] eine Stelle finden. Er sagt: „Es ist eine höchst treffende Wendung der deutschen Sprache: sich klar schreiben. Ich meinerseits habe die Wahrheit derselben unzählige Male erfahren. Selbst bei Ideen, die ich Jahre lang mit mir herumgetragen und in mir verarbeitet habe, erfahre ich immer wieder von Neuem, daß ich erst dann vollkommen mächtig geworden bin, wenn ich sie schriftlich ausgeprägt habe." Diese Bedeutung hat aber die Schrift nicht allein für subjektive Erörterungen, sondern auch für die objektive Darstellung von Thatsachen. Es ist daher auch, wo eine mündliche Verhandlung mit vollem Anwaltsvortrage stattfindet, von der höchsten Wichtigkeit, daß die Anwälte den Stoff schriftlich bearbeiten. Erst hierdurch werden sie in den Stand gesetzt, gut und sachlich zu plaidiren." Und Wach[15] sagt: „Der vorbereitende Schriftenwechsel .... obschon nicht wesentlich und daher nicht durch sachliche Rechtsnachtheile erzwingbar, so ist er

---

[13] Der Civilproceß in praktischer Bethätigung. Jena 1885, S. 55. (Separatabdruck aus den Jahrbüchern für Dogmatik des heutigen römischen und deutschen Privatrechts.)

[14] Scherz und Ernst in der Jurisprudenz. Jena 1884, S. 350.

[15] Die civilprocessualische Enquête. Berlin 1887, S. 13.

doch im Interesse der Concentration des Verfahrens und der Sicherheit der Urtheilsgrundlage vom Gesetz ernstlich gefordert und gehofft." Wie kann aber von einer Vorbereitung da gesprochen werden, wenn der Inhalt der Schriftsätze von einem Andern als dem Verfasser vorgetragen wird?

Es instruiren daher auch in Frankreich die Advokaten die Processe vielfach selbst. Mir selbst war aus der Zeit vor 1879 in Elsaß-Lothringen ein sehr beschäftigter avocat bekannt, dem besonderes Geschick für Feststellung thatsächlicher Verhältnisse nachgerühmt wurde und welcher alle Processe selbst instruirte, mit den Parteien verkehrte, die Schriftsätze concipirte und sie dann dem avoué zur Abschrift sandte. Obgleich Advokat, übte jener in den von ihm plaidirten Processen gleichzeitig auch eine anwaltschaftliche Thätigkeit aus. In Folge des erwähnten Umstandes ist denn auch in Frankreich eine starke Strömung für die Vereinigung der Advokatur mit der Anwaltschaft unter Aufhebung der Käuflichkeit der gegenwärtigen Anwaltsetüden vorhanden[16] und hat sich weder dort, wo man doch so sehr geneigt ist, die Maßregeln der deutschen Regierung zu kritisiren, noch in Elsaß-Lothringen Niemand darüber beklagt, als daselbst die Vereinbarkeit beider Berufe ausgesprochen wurde.

Daß, wenn zwei Personen aus einem Processe bezahlt werden sollen, eine Vertheuerung entsteht, kann ebensowenig bestritten werden, wie die Abhängigkeit des Advokaten von dem den Parteiverkehr vermittelnden Anwalt und die daraus sich ergebenden Uebelstände (S. 56).

ad 4 und 5. Von Schriftstellern führt Prischl (a. a. O., S. 301) zunächst von Ramdohr für seine Ansicht an. Es heißt dort (a. a. O., S. 137): „Zu dem Amte eines Prokurators wird durchaus nichts weiter gefordert, als Routine, Genauigkeit und Rechtschaffenheit. Seine Geschäfte bestehen in lauter kleinlichen Details,

---

[16] Flach: Le Barreau Allmand. Paris 1881, S. 4.

in getreuer Ausführung vorgeschriebener Handlungen. Selten ist dabei etwas zu denken. Warum den Mann, der sich in eine Menge wichtiger Geschäfte verwickelt sieht, mit solcher Hantirung beschweren? Läßt sich von ihm, der seinen Kopf dem Nachdenken interessanter Gegenstände widmet, wohl Beobachtung bloßer Formen erwarten?" von Ramdohr kommt dann auf das mit der Prokuratur verbundene Gebühren- und Kostenwesen zu sprechen. Es heißt dort: „Die Prokuratur verwickelt in Geldverhältnisse mit der Partei, die entweder dem Justizcommissär oder der er Vorschüsse thun muß, und diesen Verhältnissen darf ich, nach meinen Ideen über die Entrichtung der Gebühren für die Advokatur, durchaus keinen Raum gestatten."

Daß die Prokuratur, wenn auch mechanische Arbeiten damit verbunden sind, durchaus kein müheloser, sondern, soweit sie sich auf das Sammeln des Materials und die schriftliche Vorbereitung des Processes bezieht, ein recht mühevoller, ja sogar aufreibender Beruf ist, wurde bereits mehrfach (S. 50 u. 68) erwähnt, so daß lediglich darauf verwiesen werden kann. Dagegen ist die Regulirung des Kostenwesens unbestrittenermaßen ein sehr wunder Punkt und würde, wenn nicht andere Gründe entgegenstünden, die Trennung rechtfertigen. Doch haben wir gesehen, daß, wenn man nicht, wie in England, den Advokaten den Parteienverkehr überhaupt verbieten will, auch bei der reinen Advokatur Rechnungsverhältnisse zwischen Partei und Advokaten entstehen (S. 57). Häufiger und allgemeiner sind natürlich solche bei der mit der Anwaltschaft verbundenen Advokatur und empfiehlt es sich, solche auch bei der Rechtsanwaltschaft auf ein Minimum zu beschränken. Mit der Zustellung des Urtheils und der Kostenregulirung sollte die Thätigkeit auch unserer Rechtsanwälte beendet sein. Was nachher zu geschehen hat, wäre am besten der Partei bez. dem Gerichtsvollzieher allein zu überlassen.

Wenn Prischl (a. a. O., S. 301) von Ramdohr nun weiter noch dafür anführt, daß durch die Vereinigung mit der Prokuratur die Proceßsucht der Advokaten befördert werde, so ist dies insoferne unrichtig, als diese Aeußerungen **von Ramdohr's** sich gar nicht darauf, sondern auf das Palmarium beziehen. Die betreffende Stelle (S. 271) lautet nämlich: „So wichtig es ist, dem Advokaten Wärme und Neigung zur Sache, die er vertheidigt, einzuflößen, so gefährlich ist es, ihm ein unmittelbares Interesse an ihrem Gewinn und noch dazu ein pekuniäres nehmen zu lassen," und dann folgen die bei **Prischl** abgedruckten Ausführungen, welche sich auf die Identificirung des Advokaten mit der Partei und dessen Rechthaberei und Proceßsucht beziehen. Dieser Auffassung gibt übrigens **Prischl** auch noch an einem andern Orte (S. 91) Raum, indem er sagt: „Die Aufnahme einer förmlichen Klage aber .... ist ein Stück Prokuratorenarbeit, das, wenn es gethan ist, jederzeit die Verlockung in sich trägt, den Anspruch der Partei mit dem Anspruch auf Geltung der eigenen Persönlichkeit zu identificiren, und dafür den Verfasser **unter allen Umständen** zu Gunsten der Partei befangen machen muß. Gerade darin liegt ja ein großer Theil der Gefahren, welche die Prokuratur in sich birgt, daß der Prokurator mit dem Erzeugniß seiner Feder einen Theil seines lieben Ich verkörpert sieht und die Gedankenarbeit, die er in den Schriftsätzen niedergelegt hat, als Repräsentanten seiner selbst betrachtet, den er um jeden Preis und mit allen Mitteln zu vertheidigen bereit ist, gleich ob der Angriff seiner Person gelte." Der Gedanke, der hier **Prischl** vorschwebt und dem er nicht ganz klar Ausdruck verleiht, ist offenbar die **psychologische Bedeutung des persönlichen Parteiverkehrs**, welche aber auch auf den Advokaten, wenn er die Informationen aufnimmt — und dies **muß** er thun, will er den Proceß richtig vortragen — dieselbe Wirkung, wie auf den Anwalt, ausübt. Ganz **unbewußt** wird der Rechtsanwalt, wenn er die Ansprüche der Partei nach deren Angaben zu Papier bringt und insbesondere, wenn er zum Zwecke von deren Feststellung häufig mit ihr verkehren muß, für dieselben gewonnen und zwar um so mehr, als er nur sie und nicht auch die Gegenpartei hört.

Das dem Rechtsanwalt innewohnende Gefühl, daß er die Ansprüche seines Clienten zu verfechten hat, trübt die Unbefangenheit des Blickes, während der Richter den Vortrag auch nur einer Partei mit ganz andern Ohren anhört. Wäre aber jenes nicht der Fall, dann würde auch der Rechtsanwalt nicht mit der nöthigen Energie und Wärme sich den Ansprüchen seiner Partei annehmen. Daraus folgt aber noch lange nicht, daß er völlig kritiklos den Angaben derselben gegenüber sich verhalten soll. Sehr richtig sagt in dieser Hinsicht Beschorner (a. a. O., S. 13): „Der Rechtsanwalt soll sich .... nicht zu einem Gefäße herabwürdigen, das lediglich durch den Willen seines Auftraggebers gefüllt wird und dadurch seinen Werth erhält. Vielmehr muß sich der gewissenhafte Anwalt eine freie Selbstbestimmung zu wahren suchen und sogar eine Zurechtweisung seines schwachen und leidenschaftlichen Auftraggebers nicht scheuen."

An zweiter Stelle beruft sich Prischl (a. a. O., S. 301) auf die Schrift eines Anonymus[17] aus Bayern. In dieser Schrift wird „die Ehre als das Element bezeichnet, in dem allein der Advokatenstand gedeihen kann," und wäre, wie Prischl weiter ausführt, die Ehre dasjenige, was den Verfasser veranlaßt, eine Trennung der Advokatur von der Prokuratur vorzuschlagen. Es sollen nämlich, „um allen minder ehrenvollen Gewerbszwang von den Advokaten ferne zu halten und um den bewährten Advokaten vom Anfänger zu unterscheiden, die Advokaten in ordentliche und außerordentliche eingetheilt werden." Die ordentlichen Advokaten dürften nach der Ansicht des Verfassers nur vor den Collegialgerichten und niemals vor den Einzelgerichten auftreten und auch bestimmte außergerichtliche Geschäfte besorgen. Sie sollten gewisse Standesvorrechte genießen und vor Gericht vor den außerordentlichen Advokaten einen ausgezeichneten Platz einnehmen. Die ordentlichen Advokaten üben einen Beruf, die außerordentlichen dagegen betreiben ein con-

[17] Projekt einer auf Oeffentlichkeit und Mündlichkeit berechneten Advokatenordnung. Straubing 1828.

cessionirtes Gewerbe, das auf außergerichtliche Geschäfte und das Auftreten vor den Einzelgerichten beschränkt ist, während sie vor Collegialgerichten nur zur Uebernahme von Vollmachten und zur Parteienstellvertretung zuzulassen sind und nur im Falle, als kein ordentlicher Advokat vorhanden wäre, aushilfsweise als Fürsprecher auftreten dürften. Bemerkenswerth ist die Beschränkung der gewerbetreibenden Parteivertreter auf die Einzelgerichte. In England treten allerdings die Barrister nicht vor den Grafschaftsgerichten und in Frankreich die Advokaten nicht vor den Friedensgerichten auf. Dort plaidiren die Solicitors und hier die Geschäftsagenten.[18] Würde dies auch bei uns angehen, dann wäre die Rechtsconsulentenfrage sehr einfach gelöst. Allein dies ist bei der großen Competenz der Amtsgerichte und der Masse von Rechtsanwälten für das deutsche Reich absolut ausgeschlossen.

Auf den Einfluß von Maurer, der in der oben (S. 42, Note 1) erwähnten Schrift den Wunsch nach Trennung beider Stände andeutete, führt Prischl den im bayerischen Justizministerium im Jahre 1827 ausgearbeiteten Entwurf einer Advokaten- und Prokuratorenordnung zurück. Der spätere Entwurf von 1870 adoptirte freilich die rheinpreußische und nicht die französische Einrichtung. Man schien also doch die Vereinigung der Sachwalterschaft in einer Hand für zweckmäßiger zu halten!

Weiter wird eine Schrift von Seybold[19] angeführt (a. a. O., S. 305), welche die Trennung der Advokatur von der Prokuratur zu einem förmlichen System macht und jene damit begründet, „daß der Anwalt, sofern er sich auf die mündliche Ausführung beschränke, eine allgemeine weltbürgerliche Stellung einnehme, dagegen wenn er

---

[18] In Frankreich treten, wie erwähnt wurde (S. 32), Geschäftsagenten auch an den Handelsgerichten auf. Allein es hat sich die Sitte herausgebildet, daß jene mit dem Vortrag contradictorischer Sachen Advokaten betrauen, so daß ein Gegeneinanderplaidiren der beiden Stände dort nicht stattfindet.

[19] Vollständige Darstellung sämmtlicher Verhältnisse des anwaltschaftlichen Amtes. 1847.

sich mit der Proceßinstruktion und mit Erhebung der faktischen Grundlagen und der Formalien zu befassen habe, er als ein in den Gerichtsorganismus mitverflochtenes Organ erscheine, dessen Wirksamkeit und Aufgabe nach dem Princip eines ganz andern Systems beurtheilt und aufgefaßt werden müsse. . . . . Die Unterscheidung zwischen avocat und avoué liege nicht bloß in der äußern Geschäftseinrichtung, sondern in der innern Natur und Wesenheit des Verhältnisses selbst."

Daß dieser Unterschied nicht bloß ein äußerer, sondern ein innerer, wesentlicher, ja ein socialer[20] ist, wird auch hier nicht bestritten. Aber gerade dieser Unterschied ist es denn auch, der unter den gegenwärtigen Verhältnissen für die deutsche Rechtsanwaltschaft die Trennung sehr erschwert, wenn nicht geradezu unmöglich macht, was bereits früher hervorgehoben wurde (S. 64). Daß aber die Inferiorität der Proceßprokuratur in dem engern Zusammenhang mit dem Gericht im Vergleich zu der freier gestellten Advokatur bestehen sollte, vermag ich schlechterdings nicht einzusehen. Warum jedoch der Advokat, wenn er außer der Plaidoyerie auch noch die Einleitung und schriftliche Vorbereitung des Processes übernimmt, zu der Partei in ein anderes Verhältniß trete, darüber ist uns Seybold die Antwort schuldig geblieben. Die Inferiorität des Avoué, ebensowie des Solicitor gründet sich gerade auf die Loslösung von der Advokatur, d. h. darauf, daß sie den Proceß dem Gerichte nicht vortragen dürfen, sondern einfach als Statisten gedankenlos der Verhandlung anwohnen, während als der agirende Theil der plaidirende Advokat erscheint. Mit der Vereinigung fällt die Inferiorität des Anwalts fort.

Für die Trennung werden weiter dann noch die Motive einer Gebührentaxe für die Advokaten, Prokuratoren und Notare des Herzogthums Braunschweig von 1847 herangezogen. Die höhern

---

[20] Prischl, a. a. O., S. 321.

Gebühren des Advokaten werden damit gerechtfertigt, „daß dieser geistige Erzeugnisse liefere, der Prokurator aber nur mit mechanischen Verrichtungen zu thun habe. Diese glichen den Arbeiten des Advokaten so wenig, wie die des Bauhandwerkers denen des Architekten, und es würde, weil sie durchaus nicht rein wissenschaftlicher Natur seien, sondern mehr eine praktische Fertigkeit und Gewandtheit erfordern, dabei aber schon wegen ihrer größern Häufigkeit überwiegend in die äußere Erscheinung treten und die Grundlage der Ansicht des Publikums bilden, diesem Berufe nicht dieselbe Achtung gezollt, als da, wo beide Funktionen von verschiedenen Individuen verrichtet würden. Durch die Gebührentaxe, welche die Advokaturarbeiten höher honorire, als die Prokuratorengeschäfte, sollte dieser Unterschied äußerlich erkennbar werden." Zu einer Trennung beider Berufe konnte man sich aber trotz alledem dort nicht entschließen.

Ferner wird (S. 307 ff.) ein österreichischer Schriftsteller, Schenk,[21] erwähnt, der wegen der Vielartigkeit der Geschäfte, welchen die österreichische Advokatur obliegt, deren Freigebung bekämpft. Es heißt da: „Die heutige Advokatur, dieses Gemengsel von allem Möglichen, von der Proceßführung bis zur Verlassenschaftsabhandlung, dieses Bureau für Exekutionsausführung und Gutsverkäufe, diese Schreibstube für Wechselproteste und Vertheidigung in Strafsachen, dieser Universalismus, der überall zuzugreifen berufen ist, paßt nicht für eine freie Zulassung ohne Beschränkung der Zahl; wir wiederholen es jetzt nicht, nachdem ein halbes Jahrhundert den Stand in unnatürlicher Beschränkung erhielt, in der ihn nur die dadurch gesicherte Existenz vor dem gänzlichen Verfalle bewahrte." „Die Freiheit der Advokatur sei nur möglich bei vollständiger Loslösung von der Prokuratur, welch' letztere wegen des damit ver-

[21] Die Trennung der Anwaltschaft von der Advokatur ist die wesentliche Grundlage der Freigebung der letztern in Nr. 154 der österreichischen allgemeinen Gerichtszeitung von 1862.

bundenen Kassenwesens und der Agenturgeschäfte unter strenger Abhängigkeit von den Gerichten und bezüglich der Stellen beschränkt bleiben müsse." Daß das Betreiben von Geld- und Agenturgeschäften sich mit der Rechtsanwaltschaft überhaupt nicht verträgt, weder mit der geschlossenen, noch mit der freien, wurde bereits wiederholt bemerkt (S. 9, 21 ff., 68).

Das ist denn auch gerade, was Gundermann (a. a. O., S. 34), der uns nach Prischl (a. a. O., S. 311) „mit seinem Hinweise auf die englischen Einrichtungen, freie Anwaltschaft neben freier Advokatur, auf die volle Höhe des Trennungsgedankens führen soll," von der Advokatur ausgeschlossen wissen will, nicht aber die Proceßprokuratur, deren Verbindung mit der Advokatur er aus denselben Gründen, wie die Gutachter des Juristentages, verlangt. Sein Gutachten[22] faßt er dahin zusammen, „daß die Advokatur keinen überwiegenden Grund habe, der künftigen Vereinigung der Anwaltschaft mit der Advokatur im Civilprocesse unter der Voraussetzung einer ihrer Aufgabe und Stellung entsprechenden Umbildung des gerichtlichen Verfahrens entgegenzutreten, daß sogar noch eine weiterreichende Thätigkeit in andern Gebieten des Rechts und der Verwaltung zulässig ist, daß aber die Advokaten gegen die Auffassung immer und immer sich verwahren müssen, als wenn nun die gesammte niedere Anwaltschaft ganz in der Advokatur aufzugehen habe." Unter der niedern Anwaltschaft versteht Gundermann unsere Rechtsconsulenten. Die Umbildung, von der er oben spricht, ist die corporative Verfassung des Standes, die wir gegenwärtig besitzen, und das öffentliche und mündliche Verfahren.

Die Behauptung von der Gewerbenatur der Prokuratur und ihre Unvereinbarkeit in Folge dessen mit dem ehrenhaften Advokatenberufe durchzieht wie ein rother Faden das ganze Prischl'sche

[22] A. a. O., S. 39; vgl. auch Zeitschrift des Anwaltsvereins für Bayern, Bd. 9 (1869), S. 5 ff.

Werk, aber von einer Widerlegung des für die Vereinigung mit der Proceßprokuratur durchschlagenden Grundes, daß nämlich der Advokat nur dann einen Rechtsstreit mit Erfolg plaidiren kann, wenn er ihn vorher auch vollständig bearbeitet hat und eine solche Bearbeitung ohne die Feststellung des thatsächlichen Verhältnisses und die Anfertigung der Schriftsätze gar nicht möglich ist, ist nirgendwo etwas zu finden. Warum soll aber die Vorbereitung des Processes ein Gewerbe, der mündliche Vortrag desselben vor Gericht die Ausübung eines freien Berufes sein? Daß auch letzterer als Gewerbe betrieben werden kann — und von unsern Rechtsconsulenten eingestandenermaßen auch als solches betrieben wird —, wurde bereits früher (S. 30) hervorgehoben. Das Beispiel von England und Frankreich, wo die Prokuratur zu einem Gewerbe herabsank (S. 50), paßt nicht, denn die Prokuratoren beschränken sich dort nicht auf die Proceßvertretung und sind losgelöst von der Advokatur. Gerade daß die Vereinigung beider Thätigkeiten, die Vorbereitung der Processe und deren Durchführung in öffentlicher Sitzung durch einen und denselben Mann, als freier Beruf ausgeübt werden kann, zeigt die Entwickelung der Advokat-Anwaltschaft am Rhein. Der durchaus ehrenhafte Charakter derselben spricht mehr als alles Andere dafür, daß es keineswegs nothwendig erscheint, die Advokatur von der mit ihr auf's Engste verwandten Proceßprokuratur zu trennen.

ad 6 und 7. Mit der Vereinigung fällt auch der untergeordnete Charakter der Anwaltschaft fort und wird die deutsche Rechtsanwaltschaft, namentlich wenn sie auf den Proceßbetrieb beschränkt bleibt, auch die gleiche sociale Stellung einnehmen und dasselbe Vertrauen besitzen, wie der englische Barrister und der französische Avocat.

Eines concedire ich allerdings den Anhängern der Trennung, wie ich bereits früher (S. 61 ff.) bemerkt habe, daß die Prokuratur, wegen der damit verbundenen mechanischen Arbeiten, namentlich aber wegen der Weitläufigkeiten des Parteiverkehrs, der Rechtsanwaltschaft die Beschäftigung mit allgemeinen Fragen erschwert. Ob aber diese Erschwerung nicht für einen Theil der Rechtsanwaltschaft wesentlich verringert werden kann, ohne daß der andere Theil, wie bei der Trennung der Advokatur von der Anwaltschaft, irgendwelche Einbuße an seiner socialen und sonstigen Stellung zu erleiden bräuchte, und ob dieser Zweck nicht auf Grund bereits bestehender und noch weiter fortzubildender Einrichtungen erreicht werden kann, soll im folgenden Abschnitt untersucht werden.

IV. Die Lokalisirung und ihre Bedeutung für die Reform der Rechtsanwaltschaft.

§ 12. Im Allgemeinen.

Die Entlastung der einen Hälfte der Rechtsanwaltschaft von dem größten und unleidlichsten Theil der Anwaltsarbeiten soll neben andern Vortheilen für die Rechtspflege und den Anwaltsstand durch die Lokalisirung erreicht werden.

Darunter versteht man die Beschränkung der Rechtsanwaltspraxis auf ein bestimmtes Gericht. Die Lokalisirung kann sich nur auf die Anwaltschaft oder nur auf die Advokatur oder auf beide zugleich beziehen. Sie ist von besonderer Wichtigkeit für das mündliche Verfahren, indem wegen des gleichzeitigen Tagens der verschiedenen Gerichte und der Unmöglichkeit, an allen Orten zugleich zu sein, der Rechtsanwalt nur die Sachen an einem Gerichte besorgen kann, die übrigen an andern Gerichten gleichzeitig angesetzten aber vertagen lassen muß. Dadurch entstehen eine Reihe von Proceßverschleppungen und Störungen in der Thätigkeit der Gerichte, welche mancherlei Unzuträglichkeiten im Gefolge haben. Um derlei Uebelstände zu verhüten, sollen, wie auf dem vierzehnten deutschen Juristentage, welcher sich mit unserer Frage beschäftigte, auch ausdrücklich hervorgehoben wurde,[1] die Rechtsanwälte ihre Praxis möglichst auf ein Gericht beschränken.

In England ist die Anwaltschaft nicht lokalisirt, wohl aber die Advokatur. Die Barrister, welche bei den Assisen prakticiren, sind bei einem bestimmten Circuit eingetragen; vor den Londoner Gerichtshöfen kann jedoch jeder Barrister gehört werden.[2]

In Frankreich ist nur die Anwaltschaft lokalisirt, aber nicht die Advokatur. Doch pflegen dort nicht selten, namentlich beschäftigtere Advokaten, ihre Praxis für gewöhnliche Fälle freiwillig auf ein bestimmtes Gericht zu beschränken. Ferner besteht dort die Sitte, daß bei Collision von Terminen bei einem Tribunal und dem Appellhof stets die Praxis vor dem letztern vorgeht und ein Termin vor jenem nicht als Entschuldigungsgrund für das Ausbleiben vor diesem angesehen wird.[3] Aehnliche Grundsätze gelten, wenn auch nicht mit derselben Rigorosität, bei Terminscollisionen vor den Civilkammern und dem Zuchtpolizeigerichte eines und desselben Tribunals. Es geht, wenn nicht ein besonderer Fall vorliegt, die Civilpraxis der Strafpraxis vor, welch' letztere in der Regel meist von den jüngern Advokaten besorgt wird, die in Civilsachen noch wenig zu thun haben.

Auch in den deutschen Ländern des französischen Verfahrens, wo, wie in Frankreich, nur die Anwaltschaft lokalisirt war, plaidirten die Advokat-Anwälte gewöhnlich nur an den Gerichten, an welchen sie die Anwaltschaft ausübten. Eine ähnliche Selbstlokalisirung wird uns aus Hannover, wo gleichfalls mündliches Verfahren herrschte, berichtet.[4] Auch in Bayern wurden in der

[1] Verhandlungen, Bd. 1, Heft 1, S. 25 ff.; Heft 2, S. 27; Bd. 2, S. 192.

[2] Schuster, a. a. O., S. 50.

[3] Mollot: Nr. LXXXVIII, in der Uebersetzung bei Prischl, S. 431.

[4] Kühne in den Verhandlungen des vierzehnten deutschen Juristentages, Bd. 1, Heft 2, S. 23.

auf mündliches und öffentliches Verfahren aufgebauten Civilproceßordnung die Anwälte lokalisirt, indem Art. 79 derselben bestimmte, daß in den Bezirks- und Appellationsgerichts-Processen nur die in loco wohnenden Advokaten als Anwälte auftreten dürfen. Nur vor dem obersten Gerichtshofe konnte jeder Advokat des Königreichs als Parteivertreter bestellt werden.[5] In den kleinen norddeutschen Staaten, wo gleichfalls mündliches Verfahren bestand, wie in Braunschweig und Oldenburg, war die Anwaltschaft lokalisirt. Keine Lokalisirung war bei ebenfalls mündlichem Verfahren in Baden und Württemberg.[6]

Von dort aus wurde auch der stärkste Widerstand gegen die Lokalisirung geltend gemacht; desgleichen wurde von Seiten vieler bayerischer Advokaten dagegen agitirt, wie sie denn im rechtsrheinischen Süddeutschland überhaupt nicht beliebt war.[7] Der Lokalisirung wenig günstig stand der Anwaltstag zu Cöln[8] gegenüber. Sein bezüglich derselben gefaßter Beschluß lautete: „VI. Die Zulassung zur Anwaltschaft ist nachzusuchen und zu ertheilen für alle Gerichte eines bestimmten Oberlandesgerichtsbezirks." Damit war die Lokalisation wenigstens innerhalb eines Oberlandesgerichtsbezirks nicht vorhanden.[9] In jüngster Zeit hat sich Prischl in seinem mehrcitirten Werke (S. 263 ff.) sehr lebhaft gegen dieselbe erklärt, hauptsächlich weil sie mit der Freiheit der Advokatur unvereinbar sei.

---

[5] Prischl: a. a. O., S. 275.

[6] Vgl. gegen die in den Motiven zur Rechtsanwaltsordnung enthaltene Annahme (Siegeth: Die Rechtsanwaltsordnung vom 1. Juli 1878 mit ihren sämmtlichen Unterlagen, S. 22), daß Württemberg nur scheinbar eine Ausnahme von dem Princip der Lokalisirung mache: Prischl, a. a. O., S. 274.

[7] Vgl. darüber außer den Nachweisungen bei Prischl, a. a. O., S. 263 ff., Juristische Wochenschrift von 1876, S. 2, 50 ff., 61 ff., 65 ff., 69 ff., 83 ff., 163 ff.

[8] Verhandlungen, S. 4 ff., insbes. S. 31.

[9] Vgl. auch Siegeth, a. a. O., S. 22.

Man führt gegen sie, abgesehen von der ganz unhaltbaren Behauptung[10] einer Classirung der Rechtsanwaltschaft, weiter noch die Beschränkung der Partei bezüglich der Wahl ihres Vertreters und des Rechtsanwalts bezüglich der Ausübung seiner Praxis in's Feld. Es wird ferner hervorgehoben, daß, wenn dieselben Anwälte stets vor den nämlichen Richtern plaidiren würden, sich Einseitigkeiten und auch Unrichtigkeiten in der Auffassung mancher Dinge einbürgerten, während beim Fehlen der Lokalisation durch den Austausch der verschiedenen Meinungen ein frischerer Zug in das Rechtsleben käme. Der Anwalt würde durch die an einem fremden Gericht gewonnenen Eindrücke seinen Gesichtskreis erweitern und umgekehrt der Richter dieses Gerichts wieder durch den auswärtigen Anwalt neue Anschauungen gewinnen. Ferner verfiele der an einen kleinen Ort gebannte Anwalt leichter einer gewissen Einseitigkeit und Versumpfung. Speciell bezüglich des Anwalts für die Berufungsinstanz hebt man hervor, daß der Anwalt der ersten Instanz, der den Proceß unter seinen Händen entstehen sah, wegen der Unmittelbarkeit des Eindruckes bei Feststellung des processualen Thatbestandes, namentlich der Beweisaufnahme, ein ganz anderes Bild von der Sache bekomme, als der Anwalt der zweiten Instanz, der den Proceß nur aus den Akten kenne.

Und dennoch ist die Lokalisation eine Nothwendigkeit und zwar ganz besonders für die Verhältnisse in unserer deutschen Rechtsanwaltschaft. Sie genügt nicht in der verkümmerten Gestalt,[11] in welcher sie in unserer Rechtsanwaltsordnung Aufnahme fand (vgl. dar. § 14), sondern sie muß, soll sie ihren Zweck erfüllen, sowohl bezüglich der Anwaltschaft, als auch bezüglich der Advokatur, so strenge als möglich durchgeführt werden. Sie muß durchgeführt werden, sowohl im

---

[10] Vgl. gegen diesen Einwand namentlich Kühne, in den Verhandlungen des vierzehnten deutschen Juristentages, Bd. 1, Heft 2, S. 35.

[11] Vgl. dar. Juristische Wochenschrift, 1884, S. 4.

Interesse eines geordneten Verfahrens, als auch zur Herbeiführung gesünderer Verhältnisse innerhalb der Rechtsanwaltschaft selbst.

Unsere Rechtsanwaltschaft beschränkt nicht, wie die französische Advokatur, ihre Thätigkeit auf die Consultation und das Auftreten vor den Collegialgerichten. Außer mit der Anwaltschaft, dem Notariat und einer Reihe von Nebengeschäften befassen sich unsere Rechtsanwälte noch mit der einzelgerichtlichen Praxis. Auswärtige Termine sind wegen der größern Freiheit der Beweismittel weit häufiger, als in Frankreich. Außerdem geht zu diesen dort gewöhnlich nur der Anwalt. Sollen auch nach dem Sinne des Gesetzes die Zeugen in der Sitzung des Proceßgerichts abgehört werden und das Ersuchen bez. Committiren anderer Gerichte zum Zwecke der Beweisaufnahme die Ausnahme bilden, so zeigt doch die Erfahrung, daß in der Praxis sehr häufig das Gegentheil der Fall ist. Alle diese Umstände führen in ihrem Zusammenwirken dahin, daß beim deutschen Rechtsanwalt weit häufiger Collisionen von Terminen eintreten, als beim französischen Advokaten, und daher, wenn bei diesem eine gesetzliche Beschränkung seiner Praxis auf ein bestimmtes Gericht nicht angezeigt erscheinen mag, sie für den deutschen Advokaten wegen des Vorhandenseins ganz anderer Verhältnisse gefordert werden muß.

Man klagt bei uns über allzu häufige Vertagungen. So ist bei Bähr als ein Hauptübel des gegenwärtigen Verfahrens das Verschleppen der Processe bezeichnet[12] und bei Wach[13] heißt es: „In weiten Kreisen macht sich zugleich ein Vertagungsunwesen breit, welches zahlreiche Uebelstände im Gefolge hat und mit den vorhandenen gesetzlichen Mitteln nur in unzureichendem Maße bekämpft wird oder bekämpft werden kann." Wach scheint zum Theil wenigstens die Schuld den Anwälten beizumessen, indem er vorschlägt, den § 48

[12] Der deutsche Civilproceß in praktischer Bethätigung. Jena 1885, S. 45.
[13] Enquete, S. 45.

G. K. G.[14] gegen dieselben in Anwendung zu bringen. Auch der Erlaß des preußischen Justizministers vom 23. September 1887,[15] der auf diese Aeußerung von Wach erfolgte, scheint von einer solchen Unterstellung auszugehen, was zu Gegenvorstellungen und Verwahrungen seitens der Anwaltskammervorstände und andern Erörterungen führte.[16]

Mag man auch in den allerseltensten Fällen ein Verschulden der einzelnen Rechtsanwälte annehmen, so muß dagegen die Schuld dem ganzen System in der Organisation unserer Rechtsanwaltschaft beigemessen werden. Nicht nur wird die Zeit unserer Anwälte durch andere außerhalb des Rechtsanwaltsberufs liegende Dinge vielfach in Anspruch genommen, sondern es muß auch die Simultanpraxis an allen möglichen Gerichten die Praxis an jedem einzelnen Gerichte wegen des Zusammentreffens von Terminen schädigen.

Dadurch daß bei Durchführung des Lokalisationsprincips ein Rechtsanwalt nicht mehr an so vielen Gerichten thätig sein kann, wird ferner eine größere Vertheilung der Praxis unter den Rechtsanwälten herbeigeführt. Wie diejenigen socialen Verhältnisse die gesündesten sind, wo ein kräftiger Mittelstand existirt, und der krasse Gegensatz von arm und reich stets als Krankheitssymptom erscheint, so ist auch eine allzu ungleiche Vertheilung der Anwaltspraxis das Zeichen eines ungesunden Zustandes. Es ist vielmehr eine größere Anzahl nicht übermäßig beschäftigter

---

[14] Ist .... durch Verschulden einer Partei oder eines Vertreters derselben die Vertagung einer mündlichen Verhandlung oder die Anberaumung eines Termins zur Fortsetzung der mündlichen Verhandlung veranlaßt, oder ist durch nachträgliches Vorbringen von Angriffs- oder Vertheidigungsmitteln oder Beweiseinreden, welches zeitiger erfolgen konnte, die Erledigung eines Rechtsstreites verzögert worden, so kann das Gericht von Amtswegen die besondere Erhebung einer Gebühr für die verursachte weitere Verhandlung, sowie einer Gebühr für die durch das neue Vorbringen veranlaßte nochmalige Beweisanordnung beschließen.

[15] Abgedruckt in der juristischen Wochenschrift von 1887, Nr. 48 u. 49, S. 411.

[16] Ebendaselbst; sowie von 1887, Nr. 52 und 53, S. 445 ff., Nr. 54, S. 465 ff.; 1888, Nr. 8 und 9, S. 74.

Anwälte im gleichen Interesse der Rechtspflege wie des Standes wünschenswerth. Abgesehen davon, daß eine unverhältnißmäßige Ueberbürdung einzelner weniger Anwälte den Proceßgang verlangsamt und zu einer Reihe von Vertagungen führen muß, so kann ein überangestrengter und nicht selten durch Nachtarbeiten nervös überreizter Mann unmöglich allen Sachen die gleiche Sorgfalt widmen. Er wird naturgemäß nur die wichtigern Processe eingehend bearbeiten können und die minder wichtigen weniger genau zu behandeln oder, da ja nicht immer tüchtige Kräfte zur Verfügung stehen, ungeschulten Hilfsarbeitern zu überlassen gezwungen sein. Wegen Collision von Terminen hat dann der Anwalt oft nicht die Zeit, die Sachen selbst vorzutragen, und ist darum genöthigt, einen Collegen zu substituiren, dem die Sache bis zum Termine völlig fremd war und den er wegen Mangel an Zeit nicht ordentlich instruiren kann. Und so kommt es denn, daß manche Processe auf diese Weise verloren gehen, die bei einem nicht so sehr überlasteten und überdies noch an verschiedenen Gerichten thätigen Anwalt gewonnen worden wären. Gänzlich unbeschäftigten Anwälten fehlt es dann wieder an der nöthigen Uebung und können dieselben, wenn ohne Privatvermögen, sogar eine öffentliche Gefahr bilden und das Ansehen des Standes auf das Schwerste schädigen. Freilich ganz werden sich Ungleichheiten niemals beseitigen lassen, bei der Anwaltspraxis so wenig wie im socialen Leben, weil die Faktoren, auf denen diese Ungleichheit beruht, nicht Jedem in gleichem Maße zur Verfügung stehen. Doch lassen sich unverhältnißmäßig große Gegensätze in der Praxis der Rechtsanwälte durch richtige Durchführung des Lokalisirungsprincips sicherlich beseitigen.

Kann der nur auf ein größeres Gericht beschränkte Anwalt nicht mehr so viele Sachen übernehmen, so gewinnt er dadurch, daß er die Processe für die obere Instanz an einen Collegen abgibt, Zeit, sich mit minder bedeutenden Sachen zu befassen, welche die gleiche Sorgfalt fordern, wie die großen. Nur in wenigen Fällen wird es wünschenswerth erscheinen, daß derselbe Rechtsanwalt die in erster Instanz geführten Processe auch in zweiter führe, wie die Erfahrungen am Rhein bezeugen, wo, wie erwähnt (S. 81), die Lokalisation strenge durchgeführt war und sich auf's Beste bewährte. Ein wie großer Vortheil für die Processe daraus entsteht, wenn sie in der Berufungsinstanz von einem neuen Anwalt auf Grund der bereits erwachsenen Akten als Ganzes mit völliger Unbefangenheit geprüft werden, wurde in den Verhandlungen des vierzehnten deutschen Juristentages in gleichem Maße von den Gutachtern,[17] wie vom Referenten[18] anerkannt. von Bomhard (a. a. O., S. 17) sieht in der Vertretung der Parteien durch andere Sachwalter eine der trefflichsten Einrichtungen des rheinpfälzischen Verfahrens[19] und begründet dies folgendermaßen: „Nicht selten erholt der Anwalt der sich beschwert erachtenden Partei schon vor Einlegung der Berufung unter Vorlage seines Aktenheftes das Gutachten eines bei dem Appellationsgerichte angestellten Collegen, ob er die Berufung für gegründet und von voraussichtlichem Erfolge halte. Eine große Zahl von Processen gelangt schon um dieses Umstandes willen in Folge negativer Gutachten nicht in die Berufungsinstanz. Die Prüfung der Sache von Seiten dieses weitern Sachwalters ist eine völlig vorurtheilslose. Er sieht mit unbefangenem Auge, ob die Sache etwa durch Mißgriffe des Richters oder der Partei oder ihres Anwalts verdorben wurde. Er kennt die Ansichten des Gerichtshofes, weiß in der Regel recht gut, ob die Sache in zweiter Instanz vertretbar ist oder nicht."[20]

---

[17] Bd. 1, Heft 1, S. 38 u. 39, Heft 2, S. 33 u. 34.

[18] Bd. 2, S. 193.

[19] Diese Einrichtung besteht gegenwärtig nur hinsichtlich der außerhalb des Sitzes des Oberlandesgerichts befindlichen drei Landgerichte der Pfalz. Die Berufungssachen aus Zweibrücken werden meist von den Anwälten plaidirt, welche sie in erster Instanz vertreten.

[20] Vgl. in diesem Sinne auch Gans: Von dem Amte der Fürsprecher vor Gericht. Celle 1827 (2. Aufl.), S. 240.

Für die mit Hilfe der Lokalisirung bewirkte Schaffung einer Rechtsanwaltschaft bei den Rechtsmittelinstanzen (Reichsgericht und Oberlandesgerichte) spricht auch das Interesse des Anwaltsstandes, indem dadurch wenigstens einem Theile der Rechtsanwaltschaft ermöglicht wird, ohne in Bezug auf praktische Thätigkeit allzu große Opfer bringen zu müssen, sich aus dem Alltagsleben herauszuheben und mit wissenschaftlichen Dingen zu beschäftigen. Dieser Umstand befähigt die Rechtsanwaltschaft bei den Rechtsmittelinstanzen auch besonders dazu, an der Ausbildung der Referendare Theil zu nehmen.[21] Daß dadurch der ganze Stand gewinnt, kann um so weniger bezweifelt werden, als in England und Frankreich den Advokaten eine so große Rolle bei der Ausbildung der jüngern Juristen zufällt und Rechtsentwickelung, wie Rechtswissenschaft in jenen Ländern von ihnen beeinflußt werden (S. 62).

Vergleicht man nämlich die Thätigkeit der Rechtsanwälte erster Instanz mit derjenigen der Rechtsmittelinstanzen, so findet sich zwischen diesen Thätigkeiten ein nicht unerheblicher Unterschied. Der Rechtsanwalt erster Instanz hat den Proceß von Anfang an zu instruiren, er wächst unter seiner Hand zu einem Ganzen heran. Hierzu bedarf es aber in zahlreichen Fällen eines sehr intensiven Parteiverkehrs und eines mühevollen Untersuchens von Detailfragen. Ein sehr großer Theil der Kraft des Rechtsanwalts wird durch diese Dinge verbraucht. Es bleibt dem Anwalt selbst bei einer nur mittlern Praxis, wenn er sich nicht über Gebühr anstrengen will, kaum noch

[21] Da das mündliche Verfahren der Letztern wenig günstig ist und das geltende Recht auf unsern Hochschulen leider noch nicht die gebührende Berücksichtigung findet, so ist die Frage aufgeworfen worden, ob nicht wenigstens am Sitze der Oberlandesgerichte Vorlesungen für Referendare stattfinden sollen. Für den folgenden Winter wird, wie die Zeitungen mittheilen, damit in Frankfurt a. M. der Anfang gemacht und haben sich neben Richtern und Staatsanwälten auch dortige Rechtsanwälte dem Oberlandesgerichtspräsidenten zu diesem Zwecke zur Verfügung gestellt.

die Zeit, sich wissenschaftlich zu beschäftigen. Dazu kommt noch die Thätigkeit nach dem Proceß: die Leitung der Zwangsvollstreckung, das Kostenwesen u. s. w. Vieles davon kann der Rechtsanwalt allerdings seinem Bureaupersonal überlassen, doch bleibt ihm immerhin die Ueberwachung, die auch viel Zeit verlangt. Dann muß der weit mehr im Leben stehende Anwalt erster Instanz andere Eigenschaften zur Entwickelung und Ausbildung bringen, als der Anwalt der obern Instanzen. Die keineswegs Jedem verliehene Gabe, in geschickter Weise mit dem Publikum zu verkehren, und die Fähigkeit, sich in schwierigen thatsächlichen Verhältnissen zurecht zu finden, wiegen da weit mehr, als großes theoretisches Wissen.

Der Anwalt in den Rechtsmittelinstanzen dagegen erhält den Proceß als Ganzes überliefert. Zum Mindesten liegt hier ein Urtheil mit ausgearbeitetem Sachverhalt bereits vor, das durch die Akten ergänzt wird. Er ist mithin der gleich zeitraubenden, wie mühevollen Arbeit des Sammelns enthoben. Nur in Berufungssachen sind in dem einen oder andern Falle thatsächliche Ergänzungen und selbst Neuerhebungen vorzunehmen. Sind hier auch mitunter eingehende Untersuchungen zu machen, wenn es sich z. B. um Geltendmachung eines neuen Gesichtspunktes handelt oder wenn Thatsächliches in erster Instanz nicht oder nicht genügend aufgeklärt wurde, so sind doch derartige Fälle im Allgemeinen seltener und die nöthigen Nachholungen kosten weniger Zeit und Mühe. Denn die Erhebungen sind hier stets nach einer bestimmten Richtung vorzunehmen, während der Anwalt erster Instanz in vielen Fällen erst Ordnung in das Chaos der Parteiangaben bringen muß. Die Thätigkeit des Anwalts der Rechtsmittelinstanzen ist mehr eine kritisch-prüfende. Durch Prokuratorengeschäfte wird er nach dem Stande unserer Gesetzgebung fast gar nicht in Anspruch genommen. Ist der Proceß erledigt, das Urtheil zugestellt und dessen Rechtskraft eingetreten, dann läßt der Anwalt der obern Instanzen die Akten an seinen Collegen der ersten Instanz behufs weiterer Erledigung und Festsetzung der Kosten zurückgehen, da Zwangsvollstreckung und Kostenwesen bei den untern Instanzen liegen.[22]

Von der großen Bedeutung der Lokalisation für das Gedeihen der Rechtsanwaltschaft war schon Gans überzeugt. Er sagt (a. a. O., S. 237 u. 238): „Nur dann ist der Advokat im Stande, den wahrhaften Endzweck seines Amtes zu erfüllen, wenn er auf gleicher Stufe der wissenschaftlichen Bildung mit dem Richter stehet. Es gibt aber Stufen der Richter, und deshalb muß es auch Stufen der Fürsprecher geben. Die Unabhängigkeit, die Ehre und der Wohlstand der Fürsprecher ist nicht wichtiger und folgenreicher zu deren Erhebung aus dem Verfall, als es eine solche Eintheilung ist." Bei der Eintheilung der Fürsprecher nach Stufen — der Ausdruck ist allerdings nicht sehr glücklich gewählt — denkt aber Gans weder an eine Rangordnung, noch an einen sonstigen socialen Unterschied, sondern er will (a. a. O., S. 240) „jedem Fürsprecher das Recht einräumen, im Anfange seiner Laufbahn, als auch im Verfolg derselben auf seine Gefahr sich bei seinem Mittel- oder Untergerichte zur Aufnahme zu melden, oder bei dem höchsten Gerichte selbst." Es handelt sich auch in der That nicht um eine höhere oder eine niedere Advokatur, sondern um eine Specialisirung nach Art der Geistesrichtung und Veranlagung. In derselben Weise, wie mit so großem Erfolge für andere wissenschaftliche Berufe, soll diese nun auch für die Rechtsanwaltschaft nutzbar gemacht und damit das Princip der Arbeitstheilung (S. 8) auch für die eigentliche rechtsanwaltschaftliche Thätigkeit angewendet werden. Für die Civilpraxis[23] der Rechtsanwälte geschähe dies, wie erwähnt, durch

[22] Die Trennung der Prokuratur von der Advokatur hätte für die obern Instanzen bei strenger Durchführung des Lokalisationsprincips bei uns absolut keinen Sinn. Die dem Advokaten gewährten Vortheile kommen dem auf die Rechtsmittelinstanzen beschränkten Rechtsanwalt zum großen Theile auch ohne die Trennung zu Gute.

[23] Ganz unzweifelhaft wäre es von großem Nutzen, wenn die Gesetzgebung Mittel und Wege böte, eine solche Specialisirung auch für die Straf-

Anwendung des Lokalisirungsprincips. Diejenigen Rechtsanwälte, welche mehr praktisches Geschick hätten, würden ihre Fähigkeiten und Kenntnisse für die erste, mehr theoretisch veranlagte für die Rechtsmittel-Instanzen verwerthen. Beide Eigenschaften werden selten in gleichem Maße in einer und derselben Person sich vereinigt finden. So kann Jemand sehr viel Geschick für das Entwirren verwickelter thatsächlicher Fragen haben und sich leicht beim Vorhandensein faktischer Schwierigkeiten zu helfen wissen, dagegen weniger geeignet für die Lösung schwieriger Rechtsfragen sein, während umgekehrt einem in juristischen Dingen sehr findigen Advokaten thatsächliche Momente Kopfzerbrechen verursachen, die ein minder gelehrter Jurist spielend löst!

Die Lokalisirung bietet aber nicht nur die eben erwähnten Vortheile, sondern sie ist auch das einzige Mittel, die Winkeladvokatur, deren thunlichste Beseitigung geradezu als Lebensfrage für die Rechtsanwaltschaft erscheint, wirksam zu bekämpfen. Dies soll uns im folgenden Paragraphen beschäftigen.

§ 13. Für die Schaffung einer Amtsgerichtsanwaltschaft.

Es wurde bereits früher (S. 41) die Nothwendigkeit einer ständigen rechtskundigen Vertretung für die Amtsgerichte betont, und zwar müßte dies in der Weise erfolgen, daß diese Parteivertreter in Civilsachen auf die Praxis an den Einzel-

---

sachen durchzuführen. In großen Städten finden sich mitunter Specialisten für Strafsachen und bin ich überzeugt, daß Vertheidiger von Ruf, wie z. B. Munckel, ihre Erfolge zum großen Theile einer solchen Specialisirung verdanken. Gegenwärtig beschäftigen sich meist jüngere Rechtsanwälte mit der Strafpraxis. Dies dürfte vielleicht noch in höherem Grade der Fall sein, wenn die im folgenden Paragraphen vorgeschlagene Amtsgerichtsanwaltschaft geschaffen werden sollte, weil in Folge dieser Einrichtung sich die größern Civilsachen auf die ältern Rechtsanwälte concentriren würden.

gerichten beschränkt wären. Zu diesem Zwecke wird eine Aenderung der Rechtsanwaltsordnung dahingehend in Vorschlag gebracht, daß die Zulassung zur Rechtsanwaltschaft bei einem Collegialgericht von einer mehrere, etwa fünf, Jahre währenden Thätigkeit als Rechtsanwalt bei einem Amtsgerichte abhängig gemacht würde.[1] Dieser Vorschlag unterscheidet sich sehr wesentlich von dem auf Seite 4 erwähnten Vorschlag von Werner. Denn dieser will auch (a. a. O., S. 23) die Zulassung an Amtsgerichten am Sitze von Collegialgerichten von einer längeren Praxis an einem äußern Amtsgerichte abhängig gemacht wissen. Abgesehen davon, daß für die verschiedene Behandlung der Amtsgerichtsanwälte kein gerechtfertigter Grund vorliegt, würde der Zweck nicht erreicht werden, die Winkelconsulenten aus den Gerichtssälen zu verdrängen, sondern es würden sich dieselben in den größern Städten, da in diesem Falle noch weniger Rechtsanwälte mit der amtsgerichtlichen Praxis sich befassen könnten, noch ganz erheblich vermehren.

Die Schaffung einer Amtsgerichtsanwaltschaft wäre aber zwecklos, wenn man ihren Angehörigen gestatten würde, in Civilsachen an Collegialgerichten zu plaidiren, und müßte § 27, Abs. 2 R. A. O. dementsprechend abgeändert werden, denn die Amtsgerichtsanwälte fänden immer Collegen an den obern Gerichten, welche ihnen die nöthigen Unterschriften leihen und die Vertretung an jenen übertragen würden. Dann käme aber wieder das alte Uebel zum Vorschein, nämlich die in der landgerichtlichen Praxis so sehr beklagten Proceßverschleppungen (S. 84), zu welchen die Simultanpraxis der Rechtsanwälte zum Theil wenigstens Anlaß bieten dürfte. Desgleichen müßte, um Umgehungen des Gesetzes zu vermeiden, das Prorogiren von zur Zuständigkeit der Landgerichte gehörigen Sachen an die

[1] Selbstverständlich wäre die gleiche Zeit, welche ein Candidat für die Zulassung als Rechtsanwalt an einem Collegialgerichte im Staats- oder Gemeindedienst zugebracht hätte, ebensowie ein längeres Assessorat der als Rechtsanwalt beim Amtsgerichte zugebrachten Zeit gleich zu achten.

Amtsgerichte verboten werden. In Strafsachen und vor andern Gerichten, ausgenommen die Civilkammern und Senate der Land- und Oberlandesgerichte, sowie vor Behörden sollten die Amtsgerichtsanwälte in ihrer Praxis nicht behindert sein.

Außerdem würde die Schaffung einer Amtsgerichtsanwaltschaft zu einer gleichmäßigern, namentlich aber sachgemäßern Vertheilung der Praxis führen. Die jüngern Anwälte würden dann die einfachern und die ältern die schwierigern Sachen bearbeiten. Gegenwärtig sieht man bisweilen, daß durch Zufälle und Aeußerlichkeiten begünstigt ganz junge Leute und zwar durchaus nicht immer die befähigsten zum Nachtheil älterer und erfahrener Rechtsanwälte einen großen Theil der Praxis an sich reißen. Daß dies ein Uebelstand ist, kann Niemand im Ernst bezweifeln. Man glaube doch ja nicht, daß Jemand aus dem Assessorexamen gleich als fertiger Rechtsanwalt komme, der im Stande ist, die allerverwickeltsten und schwierigsten Processe zu plaidiren. Es hat jeder, auch der begabteste, nach dem Examen noch recht viel zu lernen. Die Hast, die von einer allzu ausgedehnten Anwaltspraxis nicht zu trennen ist, die Nothwendigkeit, allen Sachen in gleichem Maße gerecht zu werden, auf der einen, und die außerordentlich große Schwierigkeit, bei der ungeheuren Masse des vorhandenen und ständig anfallenden Materials dies zu können, auf der andern Seite, lassen bei dem jungen, bisher noch wenig geübten Anwalt ein wirklich gründliches Arbeiten gar nicht aufkommen. Es wurde übrigens die Nothwendigkeit eines längern Zwischenraumes vom Assessorexamen bis zu der Uebertragung der vollen Anwaltspraxis schon auf dem vierten Juristentage in Erwägung gezogen. Einer der Gutachter, Vissering, ein Anhänger der freien Rechtsanwaltschaft, verlangte[2] für die Zulassung als Advokat-Anwalt eine voraufgehende Frist einer untadelhaften Praxis als Advokat (im rhein-

[2] Verhandlungen, Bd. 1, S. 74.

preußischen bez. hannöverschen Sinne) und begründet dies folgendermaßen: „Indem nämlich das mündliche Verfahren die Proceßinstruktion in die Hand der Anwälte legt, gestattet es diesen einerseits einen so unmittelbaren Einfluß auf den Geschäftsgang der Gerichte und überträgt denselben andererseits in ihrer Stellung zu den Parteien eine so erhebliche Verantwortung, daß man nicht ohne Grund von ihnen besondere Garantieen fordern mag."

Die amtsgerichtliche Praxis sei die Schule für den künftigen Collegialgerichtsanwalt. Die Thätigkeit am Amtsgerichte, wo durchaus nicht lauter einfache Sachen vorkommen, verbunden mit der Strafpraxis, welche dem angehenden Anwalt ein reiches Feld für eine Ruhm bringende Thätigkeit bietet, gibt dem jungen Manne Gelegenheit zum selbstständigen Arbeiten und läßt ihm so viel Zeit, die einzelnen Sachen eingehender und gründlicher zu behandeln und so ein gründliches Arbeiten überhaupt sich anzugewöhnen.

Die Einnahmen werden für die jungen Rechtsanwälte allerdings weit geringere sein, als beim gegenwärtigen System. Aber das ist für sie, die meist keine oder doch nur eine aus wenigen Köpfen bestehende Familie haben, weit weniger schlimm, als für ältere Anwälte mit zahlreicher Familie, wenn diese in ihrer wirthschaftlichen Existenz bedroht werden! Die geringere Einnahme wird auch für den Andrang zur Rechtsanwaltschaft, namentlich aber nach den größern Städten, von Bedeutung sein, indem jener dadurch nicht unwesentlich verringert werden dürfte. Selbst ein Theil der nach großen Städten strebenden jungen Rechtsanwälte dürfte für die ersten Jahre nach kleinern Orten gehen, um dann später an Kenntnissen und Erfahrungen reicher nach jenen überzusiedeln. Ferner werden auch nach denjenigen Orten, an welchen sich kein Collegialgericht befindet und zwei, ja selbst mehr Anwälte ein ganz gutes Einkommen hätten, sich aber solche wegen des überwuchernden Rechtsconsulentenwesens nicht niederließen,

Rechtsanwälte gehen. Unter diesen Plätzen finden sich verschiedene mit 10000 Einwohnern und darüber und mit mehr als einem Richter besetzten Amtsgerichten. Während durch die Zulassung von Notaren zur Rechtsanwaltschaft sich die Zahl der Anwälte vermehrt, würde die Schaffung von Amtsgerichtsanwälten in dem hier angegebenen Sinne diese Wirkung auf keinen Fall haben, eine bessere örtliche Vertheilung aber gleichfalls bewirken.

Die Mehrkosten, welche in dem einen oder andern Falle durch Reisegebühren, die dann stets als nothwendige Auslagen anzusehen wären, § 87 C. P. O.,[3] in Folge der vorgeschlagenen Einrichtung entstehen, werden durch die zuverlässigere Behandlung der einzelnen Sachen durch einen wissenschaftlich gebildeten Juristen und den allgemeinen Gewinn, den die Rechtspflege und das Publikum daraus ziehen, reichlich aufgewogen.

Schließlich ist noch hervorzuheben, daß keineswegs, wie dies schon wiederholt behauptet wurde, durch die Schaffung von Amtsgerichtsanwälten eine Art von niederer Rechtsanwaltschaft entstünde. Wie sich Amts- und Landrichter social, in Preußen

---

[3] Wie wenig der hier angedeutete Gesichtspunkt von Seiten vieler Gerichte berücksichtigt wird, zeigt die an zahlreichen Amts- und sogar Collegialgerichten bestehende Gepflogenheit, selbst an Orten, an denen sich keine Rechtsanwälte befinden, auswärtigen Anwälten Reisegebühren nur ausnahmsweise zuzubilligen, wodurch das Rechtsconsulentenwesen außerordentlich gefördert wird. Juristische Wochenschrift von 1885, Nr. 32, S. 257, und Nr. 37 u. 38, S. 290. Ohne Commentar sei hier ein in Nr. 23 u. 24 dieser Zeitschrift von 1888 auf Seite 206 abgedruckter Beschluß eines Landgerichts wiedergegeben:

„In Erwägung, daß bei Einfachheit des Streitgegenstandes, wie schon mit Recht in dem angefochtenen Beschluß des Amtsgerichts hervorgehoben, die Zuziehung eines Anwalts überhaupt und insbesondere eines auswärtigen nicht nothwendig war, zumal ja in X. selbst, abgesehen von einem Rechtsanwalte, eine genügende Anzahl von Geschäftsagenten, die zur Vertretung beim dortigen königlichen Amtsgerichte zugelassen sind, vorhanden ist; daß daher die Streichung der Reisekosten in der Kostenberechnung des klägerischen Anwalts als gerechtfertigt erscheinen muß."

und Elsaß=Lothringen sogar dienstlich gleichstehen, so kann auch zwischen den Rechtsanwälten an den Collegialgerichten einerseits und an den Amtsgerichten andererseits weder social noch sonst irgendwelcher Unterschied bestehen, und dies um so weniger, als die Anwälte des Beamtencharakters völlig entbehren.

§ 14. Die Gestaltung der Lokalisation nach der Rechtsanwaltsordnung.

Die Lokalisation der Anwaltschaft hat zwar in den deutschen Civilproceß (§ 74) und in die deutsche Rechtsanwaltsordnung Aufnahme gefunden. Es wurden aber so viele Ausnahmen zugelassen, daß deren Aufrechterhaltung schließlich von dem guten Willen der Justizverwaltungen und der Rechtsanwaltschaft abhängig wurde. Zur Durchbrechung des Lokalisationsprincips gab zunächst die Uebergangsbestimmung des § 107 R. A. O. Veranlassung, deren Vorhandensein von dem Referenten Erythropel auf dem vierzehnten deutschen Juristentage mit Recht beklagt wurde.[1] Darnach konnte den zur Zeit des Inkrafttretens der deutschen Rechtsanwaltsordnung vorhandenen Rechtsanwälten, welche bei den an ihrem Wohnsitze befindlichen mehreren Collegialgerichten die Anwaltschaft auszuüben berechtigt waren, die gleichzeitige Zulassung bei den an demselben Orte an die Stelle der bisherigen, tretenden Collegialgerichten nicht versagt werden, wenn sie dieselbe vor dem Inkrafttreten des Gesetzes beantragen. Freilich kann in dem erwähnten Falle durch landesherrliche Verordnung für einzelne Orte diese gleichzeitige Zulassung ausgeschlossen werden. Von dieser Befugniß haben aber nicht alle Staaten Gebrauch gemacht. So sind u. A. auch in Bayern fast alle damals in den Orten, an welchen sich mehrere Collegialgerichte befanden, seßhaften Advokaten an den Collegialgerichten ihres Wohn=

[1] Verhandlungen, Bd. 2, S. 194.

ortes als Rechtsanwälte zugelassen worden. In Folge dessen strebten viele der später nur bei einem Gerichte zugelassenen Rechtsanwälte die Zulassung auch bei den übrigen Collegialgerichten ihres Wohnortes zum großen Theile mit Erfolg an. Andere Rechtsanwälte suchen sich durch fleißige Anwendung des § 27, Abs. 2 R. A. O. zu helfen, indem sie sich für den einzelnen Fall die Vertretung vor dem Gerichte, bei welchem sie nicht zugelassen sind, von einem dort zugelassenen Anwalt übertragen lassen. Diese Uebertragung ist eine leere Form, thatsächlich findet das Umgekehrte statt. Die betreffenden Anwälte leihen sich entweder die Unterschrift ihres Collegen oder lassen sich von ihm durch einfache Vollmacht substituiren. Dem „übertragenden" Anwalt ist die Sache vom Anfang bis zum Ende völlig fremd. So geschieht es denn, daß die Ausnahme zur Regel und die Lokalisation dadurch thatsächlich völlig aufgehoben wird. Will man, wie das Gutachten der Anwälte des preußischen Obertribunals,[2] sowie auch Kühne verlangten, der damals als höherer Richter im Gebiete des mündlichen Verfahrens (Provinz Hannover) thätig war und welcher auf Grund eigener Anschauungen die Ermöglichung einer Simultanpraxis als das Bedenklichste in der ganzen Rechtsanwaltsordnung ansah und auf das Schärfste verurtheilte,[3] § 27, Abs. 2 nicht ganz aufheben, dann sollte man das Auftreten eines an einem andern Gerichte zugelassenen Anwaltes von der Erlaubniß des ihm fremden Collegialgerichts[4] abhängig machen und dürften, wie auch Erythropel in

[2] Abgedruckt in Nr. 10 und 11 der juristischen Wochenschrift von 1876 S. 73 ff.

[3] Verhandlungen des vierzehnten deutschen Juristentages, Bd. 1, Heft 2, S. 51.

[4] Von einer Beschränkung der Amtsgerichtsanwälte auf das Gericht ihrer Zulassung kann selbstverständlich keine Rede sein. Wie diese an allen Amtsgerichten des Reiches ohne Weiteres plaidiren dürfen, so muß auch den Collegialgerichtsanwälten dieselbe Befugniß eingeräumt bleiben.

seinem Referate (a. a. O., S. 194) hervorhob, der Gegenpartei die dadurch verursachten Mehrkosten unter keinen Umständen zur Last gelegt werden.

Aber nicht bloß für die Uebergangszeit wurde die Lokalisation der Anwälte eingeschränkt, sondern es sind auch noch für die Folgezeit weitere Ausnahmen gemacht worden. Simultanzulassungen werden nämlich ermöglicht durch §§ 9—12 R. A. O. Nach § 9 R. A. O. kann der bei einem Amtsgerichte zugelassene Rechtsanwalt auf seinen Antrag zugleich bei dem Landgerichte, in dessen Bezirk das Amtsgericht seinen Sitz hat, sowie bei den im Bezirk dieses Landgerichts befindlichen Kammern für Handelssachen zugelassen werden. Die Zulassung muß erfolgen, wenn sie nach dem übereinstimmenden Gutachten des Oberlandesgerichts und des Vorstandes der Anwaltskammer dem Interesse der Rechtspflege förderlich ist. Bei Schaffung einer Amtsgerichtsanwaltschaft in dem oben (S. 91 ff.) angegebenen Sinne würde § 9 nur auf die länger als fünf Jahre bei einem Amtsgerichte zugelassenen Rechtsanwälte Anwendung finden. Allein auch in diesem Falle sollte eine Simultanzulassung nur als Ausnahme erscheinen und nur im Falle eines wirklich dringenden Bedürfnisses, worüber sich das Oberlandesgericht und der Vorstand der Anwaltskammer übereinstimmend auszusprechen hätten, ertheilt werden dürfen. Der Hauptgrund, daß man an die nicht am Sitze von Collegialgerichten befindlichen Amtsgerichte sonst keine Anwälte bekäme, fiele mit der Schaffung einer Amtsgerichtsanwaltschaft in dem oben erwähnten Sinne ja fort! Das Gleiche müßte gelten für die gleichzeitige Zulassung bei coordinirten und subordinirten Collegialgerichten. § 10 u. 12 R. A. O. Nach § 10, Abs. 1 R. A. O. genügt gegenwärtig für die Zulassung bei einem andern in dem Orte des Wohnsitzes des die Zulassung beantragenden Rechtsanwaltes befindlichen Collegialgericht ein Plenarbeschluß des Oberlandesgerichts und nach § 12 cit. Ges. kann jetzt die widerrufliche Zulassung an einem benachbarten Landgerichte auf Grund eines auf Antrag desselben erstatteten Gutachtens des Oberlandesgerichts ertheilt werden. Für die Simultanzulassung eines Landgerichtsanwalts bei dem übergeordneten Oberlandesgerichte, wenn dasselbe sich über mehrere Bundesstaaten verbreitet, § 11 R. A. O., möchte ich keine Ausnahme gelten lassen. Der gewöhnlich dafür angeführte Grund, die Rücksicht auf das Partikularrecht des betreffenden Bundesstaates, ist nicht stichhaltig. Denn für die Zulassung bei einem Oberlandesgerichte, das verschiedene Rechtsgebiete eines Bundesstaates umfaßt, soll diese Bestimmung nicht gelten. Wie aber von dem Rechtsanwalte am Oberlandesgerichte verlangt wird, sich für den speciellen Fall in ein fremdes Partikularrecht einzuarbeiten, das in seinem Heimathsstaate zufällig Geltung hat, so muß dasselbe auch von ihm für das in einem fremden Staate geltende Partikularrecht gefordert werden.

Mag auch das Vorhandensein der zahlreichen Simultanzulassungen für die Gegenwart der strengen Anwendung des Grundsatzes der Lokalisation mancherlei Schwierigkeiten bereiten, so dürften derselben für Neuzulassungen wohl kaum ernste Hindernisse im Wege stehen.

V.

§ 15. Numerus clausus oder freie Rechtsanwaltschaft?

Im Folgenden soll die Freiheit der Rechtsanwaltschaft mit der Einschränkung des Erwerbs der Fähigkeit zum Richteramte verstanden werden. Daß Jedermann ohne diese als Rechtsanwalt sollte zugelassen werden können, wird von Niemand ernstlich erstrebt.

Eine geschlossene Rechtsanwaltschaft in dem Sinne einer Fixation einer bestimmten Anzahl von Anwälten für ein Gericht ist nur bei Collegialgerichten denkbar. Bei Einzelgerichten wäre eine solche Art der Beschränkung der Rechtsanwälte nicht möglich, weil der an einem dieser Gerichte zugelassene Rechtsanwalt wegen der geringen Competenz derselben bezüglich seiner Thätigkeit nicht auf dieses beschränkt sein darf, sondern auch noch an andern Gerichten muß auftreten können, sich dagegen wiederum die Concurrenz von bei andern Gerichten zugelassenen Collegen gefallen lassen muß. Wohl aber ist die Beschränkung der Amtsgerichtsanwälte auf einen mehrere Einzelgerichte umfassenden größern Bezirk denkbar. Wo neben einer geschlossenen Advokat-Anwaltschaft in dem zuerst erwähnten Sinne eine Advokatur bestand, wie in der Rheinprovinz, Hannover und Braunschweig, war die letztere frei. Auch hat Faber in seinem mehrerwähnten Gutachten (S. 49) sich für die freie Advokatur, aber geschlossene Advokat-Anwaltschaft ausgesprochen; letztere mit der Einrichtung, „daß die freieste Concurrenz auch unter den Advokat-Anwälten in Bezug auf ihre ganze Berufsthätigkeit eröffnet und daß sowohl die Bestimmung der Zahl der Advokat-Anwälte, als auch die Besetzung der Anwaltsstellen in die Hände der höhern Gerichte gelegt wird.“ Dagegen hat Euler (a. a. O., S. 432) auch eine Beschränkung der Advokaten nach den wahren Bedürfnissen in Vorschlag gebracht. Er bezieht sich hierfür insbesondere auf mit der Ueberfüllung der Advokatur in Frankreich (s. oben S. 58) gemachte üble Erfahrungen, sowie auf die damals in Sachsen und Mecklenburg bestandenen, nach Angabe sachkundiger Männer wenig trostreichen Zustände, welche durch die übermäßige Concurrenz unter den dortigen Advokaten herbeigeführt worden seien; u. A. beruft er sich noch auf Beschorner, der früher alles Heil von der freien Advokatur erwartet habe,[1] später aber andern Sinnes geworden sei.[2] Die übrigen beiden Gutachter über unsere Frage, Kopp (a. a. O.,

[1] Archiv für civilistische Praxis, Bd. 31, S. 474 ff.
[2] Deutsche Gerichtszeitung, 1862, Nr. 9.

S. 58) und Vissering (s. oben S. 93), erklärten sich jedoch für die freie Advokatur. Ersterer hebt u. A. gegen die freie Concurrenz die höhere Bildung und die größere Möglichkeit des Ueberganges zu andern Erwerbszweigen für den Advokaten hervor, wo dieser seine allgemeinen und juristischen Kenntnisse verwerthen könne. Der vierte Juristentag hat sich dann für die freie Advokatur erklärt, indem er seine Ueberzeugung dahin aussprach, „daß die Ausübung der Advokatur ohne Unterscheidung zwischen den Gerichten und ohne Unterschied der Rechtssachen jedem geprüften Rechtsverständigen frei stehen soll.“ [3]

Im Jahre 1867 erschien dann Gneist's Schrift.[4] Der berühmte Rechtslehrer erklärte sich darin gegen den numerus clausus, indem er in der Advokatur eine freie Kunst sieht, welche ihrer Natur nach am dringendsten die ungehinderte Entfaltung und Geltendmachung des Talents verlange. Gerade sie müsse dem Drange nach Thätigkeit eine ungemessene Laufbahn eröffnen. Mit Recht sei in den Verhandlungen des deutschen Juristentages die Concurrenz als die Lebensluft für den Advokatenstand bezeichnet worden, welche am sichersten diejenige Anspannung der Kräfte erhalte, die der Beruf fordere, welche am gerechtesten das Verdienst der Advokaten zu lohnen vermöge. Die freie Advokatur liege ferner im Interesse des Publikums. Gneist vindicirt nämlich noch eine Reihe außerprocessualer Geschäfte für die Advokatur, nicht bloß die Consultation, die Aufnahme von Verträgen und Testamenten, sondern auch die Vermittelung der Grundstücksverkäufe, Hypothekenaufnahmen, die großen Geschäfte des Real- und Personalcredits überhaupt (!). Bei der geringen Anzahl der Rechtsanwälte und des Amtscharakters der geschlossenen Advokatur seien aber solche Geschäfte nicht in richtiger Weise zu besorgen. Gleichermaßen leide darunter die Vertheidigung

---

[3] Verhandlungen, Bd. 2, S. 320.

[4] Freie Advokatur. Die erste Forderung aller Justizreform in Preußen. Berlin 1867.

in Strafsachen. Weder für die Besorgung solcher Geschäfte, noch für die eigentlich processuale Thätigkeit in Civil-, wie in Strafsachen sei bei der hohen Entwickelung des gesammten Verkehrslebens der Gegenwart das Bedürfniß nach Anwälten der Zahl nach zu bestimmen. Sodann dürfe die wichtige Thätigkeit der Berathung des Einzelnen in Angelegenheiten des öffentlichen Rechts, die aus dem gleichen Grunde von der geschlossenen Rechtsanwaltschaft nicht oder nicht gehörig besorgt werde, nicht länger rechtsunkundigen Personen[5] überlassen bleiben. Zu den Bedürfnissen des rechtsuchenden Publikums tritt nach Gneist die für die Zukunft ebenso bedeutungsvolle politische Rücksicht, nach welcher die freie Advokatur nichts Geringeres bedeute, als eine Vorbedingung für alle Selbstständigkeit des Gemeindelebens, des Selfgovernement, des constitutionellen Verfassungslebens im größten Maßstabe. Die für die Selbstverwaltung nöthige Anzahl juristisch geschulter Kräfte sei nur bei der freien Advokatur zu finden. Ein Jahr darauf erschien das Buch von Jaques,[6] das sich in gleichem Sinne aussprach und namentlich die politische Seite der freien Advokatur hervorhob, die nur in einem freien Staatswesen zur Blüthe gelangen könne. Anknüpfend daran erging ein fast einstimmiger Beschluß des siebenten deutschen Juristentages[7] dahin gehend, daß: „1. jeder geprüfte Rechtsverständige zur Ausübung der Advokatur berechtigt sei; 2. alle Unterscheidungen verschiedener Erfordernisse rücksichtlich der Befugniß zur Parteivertretung vor Einzel-, Collegial- oder vor Obergerichten, sowie alle Beschränkungen der Freizügigkeit der Begründung entbehrten."

In Oesterreich gelangte um diese Zeit die freie Advokatur unter Beibehaltung aller Nebengeschäfte zur Einführung. Das Ergebniß war kein günstiges. Es trat, trotz der

---

[5] Die freie Advokatur war aber nicht im Stande, die Winkeladvokatur einzuschränken, wie man dies früher vielfach annahm.

[6] Die freie Advokatur und ihre legislative Organisation. Wien 1868.

[7] Verhandlungen, Bd. 2, S. 252.

siebenjährigen Vorbereitungspraxis und der mehrfachen Erschwerungen für den Eintritt in den Stand durch Prüfungen eine Ueberfüllung desselben ein, die, wie Prischl (a. a. O., S. 155) uns berichtet, zu den bedenklichsten Erscheinungen geführt habe. „Das bedeutendste und allgemeinste Gravamen aber ist die Freiheit geworden." Prischl führt dies, wie bereits erwähnt wurde (S. 59), ausschließlich auf die Vereinigung mit der Prokuratur zurück.

Im deutschen Reiche hat die Rechtsanwaltsordnung die freie Rechtsanwaltschaft für die Einzelstaaten, aber nicht das Reich als Ganzes eingeführt. Dies war von vorneherein ein Fehler, weil die Freizügigkeit fehlt, welche, wie Gneist mit Recht hervorhebt, zur freien Concurrenz gehört.[8] Die freie Rechtsanwaltschaft erzeugt an einzelnen Orten Ueberfüllung mit Anwälten, an andern wieder Mangel an solchen. Je leichter nun der Uebergang von jenen Plätzen auf diese möglich ist, desto eher findet hierin ein Ausgleich statt. Da nun erfahrungsgemäß der Hauptandrang von Anwälten nach den größern Städten erfolgt, dagegen Mangel an kleinen Orten zu Tage tritt, so werden die durch die freie Concurrenz und den dadurch verschärften Kampf um's Dasein hervorgerufenen Uebelstände am leichtesten da überwunden werden, wo kleinere Orte neben größern Städten in genügender Menge vorhanden sind. Eine solche Auswahl setzt aber ein großes Gebiet voraus. Preußen, auch Bayern können auf ihren Territorien die Niederlassungsfreiheit der Anwälte ertragen, während für Sachsen mit seinen großen Städten und industriereichen Orten oder gar für den aus einer Großstadt und ein paar Dörfern bestehenden Staat Hamburg erhebliche Schwierigkeiten daraus entstehen können. Am wenigsten Gefahr hat also die freie Rechtsanwaltschaft für das Reichsgebiet als Ganzes. Hier kann ein Ausgleich durch Abfluß von

[8] Vgl. auch Nr. 7 der juristischen Wochenschrift von 1876, S. 50.

den großen Städten nach dem platten Lande sich mit Leichtigkeit vollziehen und findet gegenwärtig schon in Preußen ein größerer Zudrang nach kleinern Orten statt. Soll die freie Rechtsanwaltschaft sich bewähren, dann muß sie Freizügigkeit im ganzen Reiche haben. Wer in einem Bundesstaate die Fähigkeit zum Richteramte erworben hat, muß unter den sonstigen in der Rechtsanwaltsordnung angegebenen Voraussetzungen in jedem Bundesstaate zur Rechtsanwaltschaft zugelassen und § 2 R. A. O. dementsprechend abgeändert werden. Die Verschiedenheit der Prüfungen, auf die man sich zur Vertheidigung des gegenwärtigen Zustandes gewöhnlich beruft,[9] kann demgegenüber um so weniger in's Gewicht fallen, als das Schwierigere, die Advokatur, ja frei, denn jedem deutschen Rechtsanwalt kann vor jedem Collegialgerichte des Reiches die Ausführung der Parteirechte und die Vertretung in der mündlichen Verhandlung, letztere ausgenommen vor dem Reichsgericht, § 101 R. A. O., übertragen werden, das Leichtere, die Prokuratur, an die Grenzpfähle gebunden ist! Aus demselben Grunde kann man sich nicht auf die Verschiedenheit des Rechts in den einzelnen Staaten berufen, das, soweit sie das Privatrecht betrifft, welches doch vorzugsweise für den Rechtsanwalt in Betracht kommt, innerhalb jener oft recht mannigfaltig ist! Für die Amtsgerichtsanwaltschaft entbehrt aber die erwähnte Beschränkung vollständig jeder Begründung. Denn wenn jeder deutsche Rechtsanwalt an jedes Amtsgericht des Reiches Schriftsätze einreichen und vor demselben schon jetzt plaidiren kann, dann muß er auch bei jedem deutschen Amtsgerichte zugelassen werden können.

Die Freizügigkeit verlangt die Schaffung einer deutschen Rechtsanwaltschaft. Trotz Anwaltsordnung, Ehrengerichtshof und Anwaltsverein haben wir aus dem obigen und dem gleich zu erwähnenden Grunde keine solche, sondern nur eine preußische,

---

[9] Siegeth, a. a. O., Theil I, S. 12.

bayerische, elsaß-lothringische u. s. w. Rechtsanwaltschaft. Wir haben jene, von dem Vorerwähnten abgesehen, nicht, weil die Frage der Vereinbarkeit mit dem Notariat und das Betreiben von Nebengeschäften weder durch das Gesetz, noch durch die Sitte einheitlich geregelt ist. Die Verschiedenheit solcher Gepflogenheiten läßt je nach den einzelnen Bundesstaaten die deutsche Rechtsanwaltschaft in verschiedener Gestalt erscheinen! Jene ist der Freizügkeit in hohem Grade hinderlich.

Welche Thätigkeiten mit der Rechtsanwaltschaft vereinbar sind, welche nicht, muß einheitlich geregelt werden. Daß diese Regelung nur in dem Sinne erfolgen kann, daß die Thätigkeit des Rechtsanwalts auf Consultation und die Vertretung von Parteien vor Gericht und vor Behörden, sowie die schriftliche oder mündliche Ausführung von deren Rechten beschränkt bleiben muß, wurde bereits wiederholt erwähnt.

Bei voller Freizügigkeit und nach Loslösung der Rechtsanwaltschaft vom Notariat und von allen Nebengeschäften und der Beschränkung auf ihr eigentliches Arbeitsfeld, auf welchem ihr auch keine Concurrenz erwachsen darf, wird die freie Rechtsanwaltschaft unbedenklich weiter bestehen können, indem die Wiederherstellung des numerus clausus in der That schwer durchführbar wäre. Würden die Rechtsanwälte nur vor den Collegialgerichten in Civilsachen auftreten, dann wäre allenfalls nach der sachlichen Seite eine solche Begrenzung angängig. Allein die eigentliche rechtsanwaltschaftliche Thätigkeit erstreckt sich auch auf Strafsachen, die Einzel-, gewerblichen Schieds- und Verwaltungsgerichte und bleibt daher selbst bei strengster Lokalisation diese eine so umfangreiche und für den Außenstehenden nicht übersehbare und wird bei der zunehmenden Vervollkommnung des öffentlichen Lebens eine immer intensivere, daß die Beschränkung auf eine bestimmte Zahl absolut unmöglich erscheint. Sie ist es aber auch nach der persönlichen Seite. Denn was nützt die Beschränkung auf eine bestimmte Zahl, wenn darunter sich ein paar unfähige Anwälte befinden, welche aufstrebenden Talenten den Weg versperren.[10]

Durch die vorgeschlagenen Reformen sollen nicht nur die Hindernisse beseitigt werden, welche der Rechtsanwaltschaft die Erfüllung ihrer Aufgabe im Rechtsleben erschweren, sondern es sollen durch dieselben die unleugbar vorhandenen Gefahren der freien Rechtsanwaltschaft wesentlich verringert werden. Dieselben bestehen in der Ueberfüllung des Standes, der ungleichen örtlichen Vertheilung und der unverhältnißmäßigen Ungleichheit der Praxis bei den verschiedenen Anwälten; d. h. das Vorhandensein einer großen Anzahl unbeschäftigter Anwälte neben wenigen übermäßig beschäftigten. Wie viel juristische Kräfte durch das Notariat absorbirt werden und wie sehr die Trennung beider Stände, desgleichen das Aufhören der Möglichkeit, schon in den ersten Jahren der Rechtsanwaltschaft sehr viel Geld zu verdienen, die Ueberfüllung des Standes verringern würden, wurde bereits hervorgehoben (S. 18 ff., 25 und 94).

Die Vorstufe der Amtsgerichtsanwaltschaft beschränkt die Winkeladvokatur und schafft für das platte Land die nöthigen Berather in streitigen Rechtssachen, ohne daß es nöthig wäre, das nach ganz andern Gesichtspunkten arbeitende Notariat mit der Rechtsanwaltschaft zu verbinden. Aber nicht nur führt die Amtsgerichtsanwaltschaft im Bunde mit der Freizügigkeit zu einer größern Vertheilung der Rechtsanwälte innerhalb des Reichsgebiets und schafft Anwälte für weniger beliebte Orte, sondern es wird auch den ältern Anwälten in den größern Städten eine erhöhte Sicherung ihrer Existenz auf diese Weise verliehen. Gerade das Fehlen derselben für die ältern Anwälte bildet eine der Hauptgefahren der freien Advokatur. Die strenge Lokalisirung der Rechtsanwälte muß zu einer gleichmäßigern Vertheilung der Praxis führen und damit sich die Zahl der unbeschäftigten Anwälte erheblich verringern.

---

[10] Vgl. über diese Frage auch Werner, a. a. O., S. 20 u. 21.

Der Grundsatz der Arbeitstheilung auch innerhalb der Rechtsanwaltschaft zur Ausführung gebracht, wird zweifelsohne der Rechtspflege durch die richtige Verwendung der anwaltschaftlichen Kräfte zum großen Nutzen gereichen.

Die freie Rechtsanwaltschaft kann nur gedeihen, wenn ihre Träger die idealen Ziele hochhalten, das verletzte oder bedrohte Recht gegen alle Angriffe zu schützen. Mit voller Kraft kann sie aber dann nur gerecht werden, wenn sie auf sich selbst beschränkt ist, mit andern Worten, wenn alle dem Schutz der Rechte fremde Dinge von ihr in gleichem Maße ferne gehalten werden, wie jeder Eingriff in ihre Thätigkeit von Seiten eines Standes, der seiner Natur nach den Schutz der Rechte in ganz anderm Sinne verstehen muß. Im andern Falle muß sie, mit allem Möglichen sich befassend, dem Geschäfte erliegen und, mit einem Gewerbe concurrirend, selbst zum Gewerbe werden!

VI.

§ 16. Zur Neugestaltung des Notariats und der niedern Anwaltschaft.

Die Beschränkung der Rechtsanwaltschaft auf die Proceßprokuratur und die Advokatur bedingt eine Neugestaltung des Notariats und der niedern Anwaltschaft (Gerichtsvollzieherinstitut und Rechtsconsulententhum), indem diese Berufszweige die ihnen zukommenden Arbeiten ausschließlich übernehmen sollen. Zu diesem Zwecke müssen dieselben vollständig organisirt und mit denjenigen Einrichtungen versehen werden, welche durch die von ihnen zu erfüllenden Aufgaben bedingt sind. Es kann hier nicht der Ort sein, des Nähern auf diese Neubildungen einzugehen; dieselben sollen nur insoweit in Betracht gezogen werden, als solches vom Standpunkt der Rechtsanwaltschaft aus nöthig erscheint. In diesem Falle genügt es, wenn das über die vorliegende Frage in diesen Blättern an verschiedenen Stellen Gesagte der Vollständigkeit halber hier zusammengefaßt wird.

Es wurde bereits (S. 12) hervorgehoben, daß man die Aufgaben des Notars viel zu enge auffaßt, wenn man in ihm lediglich einen Beamten sehen will, dazu berufen, Willenserklärungen und rechtlich erhebliche Erscheinungen der Außenwelt zu beurkunden. Ein sehr wesentlicher Theil seiner Thätigkeit bezieht sich auf das Ordnen von Vermögensangelegenheiten und ist auch bei einem nicht bankmäßigen Betriebe ein reger Geld-, namentlich Depositenverkehr vom Notariat untrennbar. Das Einziehen von Forderungen, das Bezahlen von Schulden bei Verlassenschaftsabhandlungen und andern Theilungen, das Erheben des Erlöses bei Versteigerungen und dessen verschiedene Verwendungen, die Kündigung und Wiederveranlagung von Hypothekengeldern, kurz Geldgeschäfte und Rechnungsverhältnisse verschiedener Art hängen mit dem Amte des Notars auf das Engste zusammen. Außerdem existirt, namentlich bei der Landbevölkerung, ein Bedürfniß nach juristisch gebildeten Rathgebern in Vermögensfragen, ebenso wie für große Gütercomplexe nach gesetzeskundigen Verwaltern. Zu all diesen Funktionen ist das Notariat vermöge seiner umfassenden Thätigkeit in Vermögensangelegenheiten ganz besonders berufen. Deshalb soll man auch das Notariat nicht den Gerichten übertragen. Denn diese könnten sich nur auf das Beurkunden beschränken und die andere Seite der Notarsthätigkeit würde der Rechtsanwaltschaft zufallen. Diese dann mit einer ihrem Wesen völlig fremden Thätigkeit belastet, würde in ihrer Entwickelung gehemmt und aufgehalten, und die Rechtspflege dadurch geschädigt. Aus diesem Grunde hat die Rechtsanwaltschaft an der Bildung eines selbstständigen und lebensfähigen Notariats, wie solches im Gebiete des französischen Rechts und in Bayern existirt, ein dringendes Interesse.

Prokuratorengeschäfte niederer Art würden von den Gerichtsvollziehern und den Rechtsconsulenten zu besorgen sein. Namentlich würde den Erstern eine erweiterte Thätigkeit auf dem Gebiete der Zwangsvollstreckung zufallen, und hätten diese alle jene Funktionen zu verrichten, welche gegenwärtig noch von den Rechtsanwälten bei dieser, einschließlich des Mahnverfahrens, und bei der Ableistung des Offenbarungseides verrichtet werden. Ein gewisses Odium ist von den zur Zwangsvollstreckung berufenen Organen nun einmal nicht zu trennen und ein Theil des Odiums trifft den Rechtsanwalt, sofern er bei derselben mitwirkt. Dasselbe verträgt sich aber nicht mit der Stellung, welche dieser im Rechtsleben einnimmt, und erscheint es darum geboten, daß von der Rechtsanwaltschaft jede Mitwirkung bei der Zwangsvollstreckung ferne gehalten und einem besonderen Stande übertragen werde. Aus diesem Grunde ist ein besonderer Stand für die mit der Zwangsvollstreckung verbundenen Geschäfte auch dann nothwendig, wenn den Gerichten alle Zwangsvollstreckungen überwiesen werden, da die Betheiligung des Gläubigers bei der Zwangsvollstreckung nie völlig ausgeschlossen sein kann und es in sehr vielen Fällen eines sachkundigen Vertreters bedarf. Denn die Anträge auf Einleitung, Sistirung und Wiedereröffnung der Zwangsvollstreckung müssen immer vom Gläubiger ausgehen. Ferner sind mit der Vollstreckung allerlei Geldgeschäfte und Rechnungsverhältnisse verbunden, die, wie das Incasso überhaupt, von der Rechtsanwaltschaft gleichfalls ferne gehalten werden sollen.

In Bayern und Elsaß-Lothringen können die Gerichtsvollzieher auch Klagen in Bagatellsachen und andere Schriftsätze von untergeordneter Bedeutung anfertigen, eine Thätigkeit, die bei der Einfachheit der in Betracht kommenden Arbeiten ihnen unbedenklich allgemein verstattet werden kann und in welche sie sich mit den Rechtsconsulenten oder Geschäftsagenten zu theilen hätten. Diesen fielen außerdem noch die verschiedenen Geld- und Maklergeschäfte und die mannigfachen Agenturen zu und wären aus ihnen die Liquidatoren und Concursverwalter, sowie die sonstigen gerichtlichen Pfleger zu entnehmen. Auch sie müßten dementsprechend organisirt und überwacht sein. Sie selbst streben übrigens die Organisation ihres Standes, ähnlich derjenigen der englischen Attorneys oder Solicitors an,[1] welchen, wie oben (S. 45) erwähnt wurde, eine sehr umfassende Thätigkeit bei der Zwangsvollstreckung obliegt. Es ist nun wohl möglich, daß im Laufe der Zeit sich das Gerichtsvollzieherinstitut, falls seine Funktionen erweitert würden, mit dem Rechtsconsulententhum vereinigt und daß aus dieser Verbindung ein deutscher Solicitor herauswächst, ebenso wie auch fernerhin beide Stände getrennt neben einander bestehen können. Wie diese Dinge sich nun weiterentwickeln, daran hat die Rechtsanwaltschaft kein aktuelles Interesse; woran ihr aber gelegen sein muß, ist, daß die rein geschäftliche und die odiose Seite der Prokuratur einer bestimmten Classe von Arbeitern zugewiesen und die Thätigkeit des Rechtsgelehrten, welche auch bei der Proceßprokuratur Platz greift (S. 50 und 51), auch äußerlich vom handwerksmäßigen Betrieb geschieden werde.

[1] Es heißt darüber auf Seite 8 und 9 der oben (S. 36) erwähnten und in mehr als einer Beziehung interessanten Eingabe an den Bundesrath: „Seit dem Jahre 1879 ist unser Stand rastlos bemüht gewesen, der in Folge der schrankenlosen Gewerbefreiheit in demselben eingetretenen Zerfahrenheit entgegenzuwirken, die ehrenhaften, soliden und tüchtigen Elemente zu sammeln und das Gewerbe in der angedeuteten Richtung zu heben. Nach Ueberwindung vieler Hindernisse haben wir seit dem Jahre 1885 die Form des Vereins verlassen und sind zur Gründung von Innungen übergegangen, auf welchem Wege wir auch bereits nennenswerthe Resultate erzielt haben. . . . . . Indeß sind wir uns wohl bewußt, daß wir damit nur die genossenschaftliche Organisation unseres Standes erlangen und daß daneben die gesetzliche Organisation des Gewerbes zu erstreben bleibt, ähnlich, wie dies bei dem Institut der Attorneys oder Solicitors in England der Fall ist."

Anhang.

Einige Bemerkungen über Armenrecht und Gebührenwesen.

§ 17. Uebersicht.

Von besonderer Wichtigkeit für das Ansehen des Anwaltsstandes ist, wie bereits (S. 5) erwähnt wurde, die Gestaltung des Armenrechts und des Gebührenwesens, weshalb in einer Schrift, welche sich mit Reformvorschlägen bezüglich der Rechtsanwaltschaft befaßt, Erörterungen über diese Gegenstände nicht fehlen dürfen.

Das Wesen des Armenrechts besteht darin, daß Demjenigen, der außer Stande ist, die für Wahrung seiner Rechte vor Gericht erwachsenden Kosten zu bestreiten, diese gestundet werden. Zu dieser Stundung hat auch die Rechtsanwaltschaft beizutragen, indem sie dem Armen unentgeltlich ihre Dienste leiht. Sie übt damit einen Akt der Armenpflege aus. Und nun fragt es sich, ob sie denn nicht berechtigt sei, in irgendwelcher Form von Seiten der zur Armenpflege im öffentlichen Leben berufenen Organe einen Ersatz zu beanspruchen, und dann, ob sie, als Interessentin, nicht ein Recht der Mitwirkung bei Verleihung des Armenrechts haben soll. Beides ist sie im Interesse ihres Ansehens zu fordern berechtigt.

Bei Ordnung des Gebührenwesens, d. h. der Art des Ersatzes der Thätigkeit der Rechtsanwälte, ist für dieselben zweierlei von Wichtigkeit. Einmal müssen die Gebühren derart bemessen sein, daß die Rechtsanwälte ihr genügendes Auskommen haben und daß sie bei Erhebung derselben nicht von dem Ermessen der Gerichte abhängig sind.

Inwieweit von unserer Gesetzgebung im Armenrecht und im Gebührenwesen den obigen Anforderungen Rechnung getragen wurde, soll im Folgenden erörtert werden.

§ 18. Ueber Armenrecht.

Das Armenrecht entspricht keineswegs den obigen von der Rechtsanwaltschaft an dasselbe zu stellenden Anforderungen. Nach dem gegenwärtigen Stande unserer Gesetzgebung hat die Rechtsanwaltschaft weder einen bedingungslosen Anspruch auf Gebühren und Ersatz der Auslagen, noch ein Recht der Mitwirkung bei Verleihung des Armenrechts.

Gemäß § 106 C. P. O. hat, wer außer Stande ist, ohne Beeinträchtigung des für ihn und seine Familie nothwendigen Unterhaltes die Kosten eines Processes zu bestreiten, auf Bewilligung des Armenrechts Anspruch, wenn die beabsichtigte Rechtsverfolgung nicht muthwillig oder aussichtslos erscheint. § 107, Ziff. 3 C. P. O. gibt der Partei das Recht, daß ihr, wo eine Vertretung durch Anwälte geboten ist, zur Wahrung ihrer Rechte ein solcher beigeordnet werde. Bei der Verleihung des Armenrechts kommt es also auf zweierlei an: 1. die Bedürftigkeit; 2. die vorhandene Möglichkeit, den Proceß zu gewinnen.

Der Nachweis der Bedürftigkeit wird geführt durch ein von der obrigkeitlichen bez. Vormundschaftsbehörde der Partei ausgestelltes Zeugniß, in welchem unter Angabe des Standes oder Gewerbes, der Vermögens- und Familienverhältnisse der Partei, sowie des Betrages der von dieser zu entrichtenden Staatssteuern, das Unvermögen zur Bestreitung der Proceßkosten ausdrücklich bezeugt wird. § 109 C. P. O. Die Frage, ob der einzuleitende Proceß nicht muthwillig oder aussichtslos sei, wird durch das Gericht geprüft, bei welchem jener zur Verhandlung gelangen soll. § 110 C. P. O.

Nach § 115 C. P. O. sind die für die arme Partei bestellten Rechtsanwälte berechtigt, ihre Gebühren und Auslagen von dem in die Proceßkosten verurtheilten Gegner beizutreiben. Letzteres ist namentlich in den unleidlichsten und verhältnißmäßig sehr häufig vorkommenden Armensachen, nämlich den Ehescheidungsprocessen, fast nie möglich. Der Rechtsanwalt erhält auch in andern Processen sehr häufig Nichts für Gebühren und Auslagen, welch' letztere manchmal gar nicht so unbedeutend sind und für welche er nach wiederholten Entscheidungen des Ehrengerichtshofs[1] und der Ansicht der Anwaltskammervorstände keinen Vorschuß fordern darf. Bei der Leichtigkeit des Erlangens der Armenatteste und der Geneigtheit der Gerichte zur Verleihung des Armenrechts[2] ist die den Anwälten auferlegte Last eine sehr große. In der gleich zu berührenden Petition der Hülfskasse für deutsche Rechtsanwälte[3] ist angegeben, daß nach den von der bayerischen Landesjustizverwaltung gemachten Erhebungen auf 5,08 der in erster und zweiter Instanz anhängigen Processe ein genehmigtes Armenrechtsgesuch kommt, und in der am

---

[1] Entscheidungen, Bd. 1, S. 115; Bd. 3, S. 126; Bd. 4, S. 161.

[2] Ueber diese übrigens auch anderwärts beobachtete Thatsache haben sich nach der Uebersicht der Jahresberichte, December 1887, S. 15, die Vorstände von Breslau und Hamm beklagt. In der Uebersicht der Jahresberichte, December 1888, S. 18, wird mitgetheilt, daß in dem Bezirk Augsburg mit den im Berichtsjahr bei dem Oberlandesgericht eingelegten 153 Berufungen 60 Gesuche um Bewilligung des Armenrechts verbunden waren, von welchen 41 Gewährung und 19 Ablehnung fanden; daß ferner beim Landgericht Augsburg im gleichen Zeitabschnitt 525 Klagen und 85 Berufungen eingingen und 139 Gesuche um Verleihung des Armenrechts ausgestellt wurden, wovon 114 bewilligt und 25 abgelehnt worden sind.

[3] Juristische Wochenschrift, 1887 (Nr. 16—19), S. 160.

16. December 1886 bezüglich der Novelle zur Gebührenordnung Namens der deutschen Anwaltskammervorstände dem Bundesrath überreichten Denkschrift[4] ist die auf jeden Anwalt entfallende Armensteuer auf M. 600 berechnet. Aus diesem Grunde hat man in Erwägung gezogen, ob, wenn der Einzelne für seine Thätigkeit auf den Ersatz durch den Proceßgegner angewiesen bleiben, der entstandene Ausfall nicht wenigstens dem Stande zu Gute kommen soll. Dieser Gesichtspunkt wurde in der oben erwähnten Petition an den Reichstag geltend gemacht und verlangt, daß die Hälfte der nicht eintreibbaren Anwaltsgebühren und Auslagen entweder von den Staatskassen oder den Armenverbänden der Hülfskasse für deutsche Rechtsanwälte überwiesen werde, und wurden dem Gesuch zu diesem Zwecke zwei Gesetzentwürfe beigelegt, je nachdem die Staatskasse oder der Armenverband die verlangte Leistung zu machen hätte.[5]

Die Frage des Ersatzes wenigstens der Auslagen des Armenanwalts gelangte auf dem XI. deutschen Anwaltstage zu Hamburg zur Erörterung. Auf demselben wurde nämlich vorgeschlagen:

„(Ziff. 8.) Die Beiordnung des Rechtsanwalts der armen Partei verpflichtet den Rechtsanwalt nicht zu baaren Auslagen."

Vom Referenten Löwenfeld[6] wurde dies damit begründet, „daß dadurch der Armenanwalt die Fähigkeit erhalte, die Processe nach seinem eigenen Concept und nach seiner eigenen Idee zu führen, wie der ersuchte Anwalt, und nicht daran gehindert werde durch die Nothwendigkeit besonderer Auslagen. Dahin gehöre z. B. der Fall, wenn ein Gutachten einzuholen oder zum Zwecke einer Ortsbesichtigung oder Zeugenvernehmung eine Reise zu machen sei." Der Antrag wurde jedoch verworfen. Es wurden für die Verwerfung verschiedene Gründe geltend gemacht, einerseits die Seltenheit der

[4] Juristische Wochenschrift, 1886 (Nr. 53 u. 54), S. 476.
[5] A. a. O., S. 163 u. 164.
[6] Verhandlungen, S. 30.

Fälle, daß in Armensachen größere Auslagen erforderlich seien (?), andererseits sollte kein Präjudiz für die den Anwälten auferlegte Verpflichtung geschaffen werden, Armensachen unentgeltlich zu übernehmen. Nach dem in der juristischen Wochenschrift[7] enthaltenen Referate „wollte eben der Anwaltstag zum Ausdruck bringen, daß im bürgerlichen Gesetzbuche oder im Einführungsgesetz zu demselben eine Sonderbestimmung über baare Auslagen, zumal seltener Art, nicht erforderlich sei."

In das bürgerliche Gesetzbuch oder in das Einführungsgesetz zu demselben gehört eine derartige Bestimmung allerdings nicht, wohl aber in den Civilproceß oder in die Anwaltsordnung. Das Recht des Anwalts auf Gebühren und Ersatz der Auslagen ergibt sich aus dessen Verhältniß zu der Partei. Dasselbe erscheint, wie Löwenfeld ausführt, als Schutzverhältniß und erhält er, wie dieser Schriftsteller gleichfalls bemerkt, den Entgelt für seine Bemühungen als Sustentation, was bereits oben hervorgehoben wurde (S. 29 ff.). Durch diese soll dem Rechtsanwalt die Vornahme derjenigen Schritte ermöglicht werden, die er zur Durchführung der Parteirechte als nothwendig erachtet. Er hat mithin sich nicht nur selbst hierzu in den Stand zu setzen durch Bestreitung seines Lebensunterhaltes, sondern er hat auch diejenigen Auslagen zu machen, die er für seine Thätigkeit in dem einzelnen Falle für zweckmäßig erachtet. Es fallen also nicht allein die Gebühren, sondern auch die Auslagen unter den Gesichtspunkt der Sustentation. Diese hat zunächst zu gewähren Derjenige, welcher die Dienste des Anwalts in Anspruch nimmt, der Client. Ist er dazu nicht im Stande, so tritt ein Anderer an dessen Stelle, indem er jenem hierzu die Mittel leiht. Die Gewährung derselben ist ein Akt der Armenpflege und hätte demnach der Proceßpartei der Armenverband die Mittel zur Bezahlung ihres

---

[7] Nr. 37 vom 16. September 1890, S. 323.

Rechtsanwalts zu gewähren. Zieht man diesen Gesichtspunkt allein in Betracht, dann hätte jener nicht nur die Frage der Bedürftigkeit, sondern auch die Berechtigung zur Proceßführung zu prüfen und je nachdem das Armenrecht zu ertheilen oder zu verweigern. Allein dies ist um deswillen nicht möglich, weil durch die Verleihung des Armenrechts staatliche und andere Organe der Rechtspflege in Bewegung gesetzt werden. An Stelle des Armenverbandes beauftragt der Staat die Gerichte, in Armensachen Recht zu sprechen, und die Anwälte, den Armen ihre Dienste zu leihen. Betraut aber der Staat die Anwälte mit der Führung der Armenprocesse, dann erwächst für ihn auch die Verpflichtung, diesen ihre Ausgabe wirthschaftlich zu ermöglichen. Er haftet ihnen also für ihre Gebühren und Auslagen, wofür er dann seinen Rückgriff gegen den Armenverband zu nehmen hätte.

Wollte man aber selbst trotz der großen Menge von Armensachen auch an das nobile officium des Anwalts appelliren, so wäre dies zwar angängig hinsichtlich der Gebühren, nicht aber bezüglich der Auslagen. Es ist nicht wahr, daß in allen Sachen nur der geringe Betrag der Schreibkosten und der Portoauslagen in Betracht kommen. Sehr viele Processe können ohne größere Auslagen gar nicht gewonnen werden. Man denke doch nur an gerichtliche Ortsbesichtigungen und die bei vielen Collegialgerichten so sehr beliebte Committirung auswärtiger Amtsgerichte mit Zeugenvernehmungen. Beides erheischt in weitaus den meisten Fällen die Anwesenheit des Anwalts und dessen thätige Mitwirkung bei diesen Proceduракten (vgl. S. 51). Aber nicht nur auswärtige gerichtliche Termine geben zu Auslagen Veranlassung, sondern auch die Informirung des Anwalts selbst. Oefters muß dieser an Ort und Stelle gehen, um einen Augenschein aufzunehmen, oder es sind Zeichnungen zu machen, Pläne zu entwerfen, Urkunden auszufertigen u. s. w. Werden die für diese Dinge nöthigen Auslagen nicht gemacht, dann ist der Arme in seiner Rechtsvertheidigung gegenüber dem Bemittelten beschränkt und das Odium fällt auf den Anwalt zurück, obgleich man ihm nicht zumuthen kann, jene aus seiner Tasche zu machen.

Zweifellos werden durch die so zahlreichen Armenprocesse die einzelnen Rechtsanwälte und dadurch der Stand nicht unerheblich geschädigt. Auf diesen Umstand gründet denn auch die Hülfskasse für deutsche Rechtsanwälte ihren Anspruch auf einen Theil des Ausfalls an Anwaltsgebühren und Auslagen in Armensachen. So sehr man ja auch die Nothwendigkeit anerkennen mag, jene mit genügenden Mitteln für ihre höchst wohlthätigen Zwecke zu versehen, so erscheint trotzdem dieser Anspruch nicht gerechtfertigt. Wegen der Auslagen ist er es nicht aus dem obigen Grunde, er ist es aber auch nicht hinsichtlich der Gebühren. Denn die Schädigung des Standes ist nur eine Folge der Schädigung des Einzelnen und dieser hat zunächst den Anspruch auf die Gebühren. Die Hülfskasse gewinnt ohnehin, wenn dem einzelnen Anwalt dieselben ersetzt werden, durch die dadurch und die, in Folge der Haftpflicht der Armenverbände eintretende, Verminderung frivoler Armensachen bewirkte Vermehrung des Wohlstandes in Anwaltskreisen.

Begründeter als der Anspruch der Hülfskasse auf einen Antheil an den entfallenen Gebühren ist derjenige der Rechtsanwaltschaft auf Mitwirkung bei Verleihung des Armenrechts. Gegenwärtig fehlt ihr, wie bereits erwähnt wurde (S. 111), hierauf jeder Einfluß. Lange war es sogar zweifelhaft, ob der Rechtsanwalt verpflichtet ist, eine aussichtslose Armensache zu übernehmen, und ist man jetzt noch nicht einig darüber, ob die Ablehnung seiner Discretion überlassen bleibt oder ob er sich deshalb an die Gerichte oder an den Vorstand der Anwaltskammer zu wenden hat.[8] Der Ehren-

[8] In der Uebersicht über die Vorstandsberichte, December 1887, heißt es auf Seite 16: „Auch die Frage, inwieweit der einer armen Partei als Sachwalter beigeordnete Rechtsanwalt die Führung der Sache ablehnen darf, ist wiederholt zur Erörterung gelangt. Ein Theil der Vorstände war der Ansicht, daß ein Anwalt entweder die Entziehung des Armenrechts herbeiführen oder

gerichtshof mußte in dieser Frage Urtheile sprechen.[9] Er hat dieses Prüfungsrecht dem Anwalt und damit auch das Recht, die Durchführung des Processes wegen Aussichtslosigkeit zu verweigern, gewährt, weil „ihm mehr Erkenntnißquellen bei jener Vorprüfung zu Gebote stehen, als dem Proceßgerichte."[10] In ähnlichem Sinne sprach sich auch der Anwaltstag zu Hamburg aus. Solche Weiterungen würden aber ein für allemal aufhören, wenn der Rechtsanwaltschaft ein Recht der Mitwirkung bei der Verleihung des Armenrechts eingeräumt würde.

Diese Verleihung ausschließlich durch die Gerichte ist keineswegs unbedenklich und hat schon von Rambohr sich dagegen erklärt. Er sagt nämlich auf Seite 164 u. 165 seines bekannten Werkes: „Es ist in Proceßordnungen bestimmt, daß das Armenrecht nicht ohne vorgängige Untersuchung des Richters, ob die Sache einigen Schein des Rechtes für sich habe, ertheilt werden solle. Allein, wenn der Richter diese Untersuchung anstellen und den Anspruch des Armen für bedeutend oder unbedeutend erklären soll, so fället er im Grunde ein Urtheil über die Hauptsache, das mindestens Veranlassung zu einer vorgefaßten Meinung geben kann. Dagegen scheint das Defensionsamt, ein Collegium, dessen Mitglieder sich von jeher den Bestimmungen gewidmet haben, die Seiten,

---

die Klage anstellen müsse. Der Vorstand von Celle lehnte dagegen ein Vorgehen gegen einen Anwalt wegen Verweigerung der Proceßführung in einer Armensache ab, weil dieser überzeugend die Aussichtslosigkeit derselben nachgewiesen hatte. Nach dem Berichte von 1888 hatte der nämliche Vorstand sich generell gegen eine solche Verpflichtung in gedachtem Falle ausgesprochen. Nach dem Berichte von 1889 faßte der Vorstand von Hamm den Beschluß, daß der Armenanwalt vorher seine Gründe über die Aussichtslosigkeit des Processes dem Gerichte darlegen soll. Wenn der Proceß deshalb nicht weitergeführt werde, dann könne die Partei eine Beschwerde an den Vorstand einreichen und dieser würde gegebenen Falls den Anwalt zur Führung des Processes anhalten."

[9] Entsch., Bd. 1, S. 116, 198; Bd. 3, S. 123.

[10] A. a. O., S. 119.

[11] Verhandlungen, S. 38.

die sich an einer Sache vertheidigen lassen, aufzufinden, und dessen Ausspruch über den Rechtsanschein von dem Urtheil über die Rechtmäßigkeit der Sache verschieden ist, geschickt zu sein, den Werth oder Unwerth einer Sache zu bestimmen."

Der Gedanke einer selbstständigen Behörde für die Verleihung des Armenrechts findet sich verwirklicht in dem französischen Gesetze über die assistance judiciaire vom 22. Januar 1851. Nach Art. 2 dieses Gesetzes existirt ein Specialbureau für die Verleihung des Armenrechts zum Zwecke von bei dem Tribunal erster Instanz, dem Handels- und den Friedensgerichten des betreffenden Arrondissements durchzuführenden Processen. Dieses Bureau setzt sich zusammen aus je einem Beamten der Enregistrements- und der innern Verwaltung, sowie aus drei vom Tribunal aus der Zahl der ausübenden und der ehemaligen (anciens) Advokaten, Anwälte oder Notare ernannten Mitgliedern. Dieses Ernennungsrecht ist an denjenigen Tribunalen, an welchen sich mindestens fünfzehn in das Tableau eingetragene Advokaten befinden, auf ein Mitglied beschränkt. In diesem Falle wird eines der Mitglieder durch den Disciplinarrath der Advokaten und eines durch die Anwaltskammer gewählt. Art. 2 cit. Ges. Bei den Appellhöfen besteht das Bureau aus sieben Mitgliedern. Außer den beiden Verwaltungsbeamten setzt sich dasselbe aus je zwei vom Disciplinarrath der Advokaten und vom Appellhof gewählten Personen, und einer von der Anwaltskammer gewählten zusammen. Art. 3. Gleichfalls aus je sieben Mitgliedern hat das Bureau bei dem Cassationshof und dem Staatsrath zu bestehen. Je zwei der Mitglieder sind Delegirte des Finanzministeriums, drei derselben werden vom Cassationshof bez. Staatsrath aus seinen Mitgliedern, dem Stande der Advokaten und den Professoren der Universität, und die beiden übrigen aus den bei dem Cassationshof bez. Staatsrath eingetragenen Advokaten gewählt. Art. 5 eod. Diese Bureau's sind vollständig organisirt, haben ihre Präsidenten und Sekretäre, welch' erstere aus den Mitgliedern jener und welch' letztere aus den Gerichtsschreibern entnommen werden.

Auch bei uns würde sich eine ähnliche Einrichtung empfehlen. Bei jedem Collegialgerichte hätte eine Armenrechtscommission aus drei bez. fünf Mitgliedern zu bestehen, welche sich aus Mitgliedern des Gerichts, die aber bei der Entscheidung über die Hauptsache nicht mitwirken dürften, der Staatsanwaltschaft, als Vertreter des wegen der Gerichtskosten interessirten Fiskus, und der Rechtsanwaltschaft zusammensetzen würden. Das oder die Mitglieder aus der Rechtsanwaltschaft wären vom Vorstande der Anwaltskammer aus der Zahl der bei dem einschlägigen Collegialgerichte zugelassenen Rechtsanwälte zu ernennen und hätten ihr Amt als Ehrenamt unentgeltlich zu verwalten. Die Armenrechtscommissionen bei den Landgerichten hätten dann über die Armenrechtsgesuche bezüglich der bei ihnen und den subordinirten Amtsgerichten einzuleitenden Processe zu befinden. Jene bei den Oberlandesgerichten bez. dem Reichsgerichte würden sich außer mit der Entscheidung über die Armenrechtsgesuche auch noch mit der Erledigung von Beschwerden über die Verweigerung des Armenrechts seitens der subordinirten Commissionen zu befassen haben.

Der Wetteifer der aus dem Richterstande, der Staatsanwaltschaft und der Rechtsanwaltschaft entnommenen Mitglieder der Armenrechtscommissionen würde sicher Ersprießliches leisten, was sich zunächst in einer erheblichen Verringerung, wenn nicht gar Beseitigung der aussichtslosen Armensachen zeigen würde. Die Staatsanwaltschaft, fast nur auf die Strafrechtspflege angewiesen, wäre genöthigt, sich auch mit Civilsachen zu beschäftigen.[13] Die Rechtsanwaltschaft, zur Mitwirkung bei der gerichtlichen Armenpflege berufen, würde dadurch auf eine höhere

---

[13] Vgl. über die Vortheile der Mitwirkung der Staatsanwaltschaft in Armensachen: von Bomhard, a. a. O., S. 90.

Stufe gestellt. Die der Magistratur und der Advokatur gesetzte Aufgabe, gemeinsam bei der Verwirklichung des Rechts mitzuwirken, würde greifbarer durch die congruente Thätigkeit beider Organe der Rechtspflege in den Armenrechtscommissionen und trüge wesentlich dazu bei, das in den Kreisen der Beamtenwelt noch keineswegs in genügendem Maße vorhandene Bewußtsein zu stärken und wach zu halten, daß die Rechtsanwaltschaft ein dem Richteramt und der Staatsanwaltschaft völlig gleichberechtigtes Organ der Rechtspflege sei.

§ 19. Ueber Gebührenwesen.

Von außerordentlicher Wichtigkeit für das Ansehen der Rechtsanwaltschaft ist, wie erwähnt wurde (S. 112), die Art und Weise der Ordnung des Gebührenwesens. Die Unklagbarkeit des Honorars, welche jede Erörterung der Thätigkeit des Advokaten vor Gericht und jede Einmischung des Richters in dessen Erwerbsverhältnisse ausschließt, verdanken zum großen Theile die englischen und französischen Advokaten ihr hohes Ansehen (S. 55 u. 56). Dieselbe ist aber nicht durch das Gesetz, sondern die Sitte geregelt, welche überhaupt bei der ganzen Gestaltung des Standes eine hervorragende Rolle spielt. Jene Unklagbarkeit setzt aber zweierlei voraus. Zunächst die Trennung der Advokatur von der Anwaltschaft, welcher, wie dies ganz besonders in England der Fall ist, die Aufgabe zufiele, für die Erhebung der Advokatenhonorare Sorge zu tragen, sodann ein beim Publikum bestehender Gebrauch hinsichtlich der Höhe dieser Honorare für gewöhnliche Fälle. Besondere Verhältnisse, wie Schwierigkeit und Wichtigkeit der Sache, bedeutender Ruf des Advokaten mögen ja da und dort eine Abweichung verlangen. Fehlt es an einem solch' festgewurzelten Gebrauche, den Advokaten das Honorar in genügender Höhe zu gewähren, dann ist alle Freiwilligkeit der Zahlung, auf welche Prischl (a. a. O., S. 383) so hohen Werth legt, eine Utopie. Ein solcher Gebrauch kommt nicht von heute auf morgen! In Oesterreich hat man zwar nicht das Princip der Freiwilligkeit, wohl aber der freien Vereinbarung über die Höhe des Honorars zwischen dem Advokaten und seiner Partei angenommen. Da sich dort über die Höhe der Honorare noch keine Sitte bilden konnte, so sieht man sich eben genöthigt, auf die abgeschaffte Taxordnung zurückzugreifen.[1] In Sachsen-Coburg-Gotha, wo das gleiche Princip bestand, haben die Anwälte unter sich eine Gebührentaxe vereinbart.[2] Gerade die Honorarfreiheit, welche Manche so sehr betonen,[3] hat sich, wie Prischl uns mittheilt, nicht bewährt, indem dieses freie Vereinbarungsrecht zu allerlei Mißbräuchen Anlaß gegeben habe. Auch im deutschen Reiche müßte man, da beim Publikum jeder Maßstab dafür fehlt, was einem Rechtsanwalt für seine Thätigkeit zu gewähren ist, bei Einführung der Honorarfreiheit die Gebührenordnungen der Einzelstaaten zu Hülfe nehmen. Wegen der Verschiedenheit dieser Gebührenordnungen könnte es aber niemals zu einer einheitlichen Sitte hinsichtlich der Bezahlung der Rechtsanwälte kommen. Schon deshalb war eine Reichs-Gebührenordnung absolut nothwendig. Eine Taxordnung und zwar, wie dies in unserer Gebührenordnung verwirklicht ist, nach Abstufung der Streitwerthe,[4] erscheint, so lange die rein freiwillige Honorargewährung nicht durchgeführt werden kann, immer noch als die beste Regulirung des Gebührenwesens. Sie bietet eine gewisse Sicherheit und schützt den Anwalt vor richterlicher Willkühr. Das Richteramt hat seiner Natur nach nicht das nöthige Verständniß für die Bedürfnisse der

---

[1] Prischl, a. a. O., S. 369 und 487 (Note VII).

[2] Walter: Die Gebührenordnung für Rechtsanwälte vom 7. Juli 1879, S. 3.

[3] Beschorner: Aus einer fünfzigjährigen Anwaltspraxis, S. 35 und die dort citirte Litteratur.

[4] Bissering in seinem Gutachten zum vierten deutschen Juristentag. Verhandlungen, Bd. 1, S. 75.

Rechtsanwaltschaft und ist darum auch nicht geeignet, im Streitfall die Höhe der Deserviten abzuschätzen. Allerdings sind Taxordnungen in manchen Fällen willkürlich und geben keineswegs immer den richtigen Maßstab an. Namentlich läßt unsere Gebührenordnung in dieser Beziehung Manches zu wünschen übrig.[5] So sind z. B. die Sätze für die Amtsgerichtssachen, wie allgemein in Anwaltskreisen anerkannt wird, zu niedrig gegriffen, ferner ist jene außerordentlich complicirt und gibt in der Anwendung zu allen möglichen Zweifeln Veranlassung.[6]

Wohl hat man eine Aenderung der Gebührenordnung geplant, jedoch lediglich zum Zwecke der Herabsetzung. Im Jahre 1887 wurde mit Rücksicht auf die vielfach gehörten Klagen über die Höhe der Proceßkosten dem Reichstag ein dahin zielender Gesetzentwurf vorgelegt. Die Sache wurde dort an eine Commission verwiesen, welche den Bundesrath ersuchte, noch verschiedene sachdienliche Erhebungen vorzunehmen.

Interessant sind die Motive zum Entwurf,[7] weil sie zeigen, daß man selbst in maßgebenden Kreisen der freien Rechtsanwaltschaft nicht diejenige Achtung entgegenbringt, welche sie als Organ der Rechtspflege eigentlich verdient. Die Motive gehen davon aus, daß nachdem bereits durch das Gesetz vom 29. Juni 1881 eine Ermäßigung der Gerichtsgebühren eingetreten, mit Rücksicht auf die dadurch bewirkte Verminderung der Einnahmen der Einzelstaaten und der Rechtspflege eine weitere Herabsetzung jener nicht mehr möglich sei, wohl aber eine Ermäßigung der Rechtsanwaltsgebühren sich empfehlen würde. „Es kann," heißt es weiter (S. 4), „nachdem durch die Freigabe der Rechtsanwaltschaft die Anzahl der zuzulassenden

---

[5] Auf Einzelheiten kann selbstverständlich hier nicht eingegangen werden; vgl. dar. Juristische Wochenschrift von 1883, Nr. 23, S. 177; namentlich aber Juristische Wochenschrift von 1887, Nr. 16—19, S. 135 ff.

[6] Vgl. dar. Walter: a. a. O., S. 3.

[7] Beilage zu Nr. 13—15 der juristischen Wochenschrift von 1887, S. 2 ff.

Rechtsanwälte dem Einfluß des Staates entzogen worden, nicht Aufgabe der Gesetzgebung sein, jeder beliebigen Anzahl von Rechtsanwälten ein ausreichendes Einkommen zu sichern." Die Fälle von unzureichendem Einkommen und selbst von Noth, wie sie durch die Freigabe in vermehrten Maße eingetreten, könnten nicht in Betracht gezogen werden. „Es kann nur das Einkommen eines voll beschäftigten Anwalts in Frage kommen. Die Gesetzgebung wird Sorge zu tragen haben, daß es diesem nicht an dem ausreichenden Einkommen fehle, dagegen hat sie nicht die Aufgabe, beschäftigungslosen Anwälten eine gesicherte Existenz zu verschaffen." Es wird sodann darauf verwiesen, daß wenn man andere Rücksichten nehmen wollte, man eine Ueberfüllung der Advokatur befördern und schließlich nichts anderes, als die Heranziehung eines Advokatenproletariats erreichen würde. Die Annahme, daß die Anwälte ihre Einnahmen nur aus Processen beziehen sollen, wird als irrthümlich bezeichnet und zur Rechtfertigung einer Ermäßigung der Anwaltsgebühren in Amtsgerichtssachen auf die Einnahmen aus dem Notariat und aus andern Thätigkeiten, namentlich aus der freiwilligen Gerichtsbarkeit hingewiesen. Schließlich wird die Herabsetzung der Gebühren noch damit gerechtfertigt, daß die Zahl der vorhandenen Rechtsanwälte das Bedürfniß der Rechtspflege übersteige und es sich darum empfehle durch jene Herabsetzung den Anreiz zum Eintritt in den Stand zu vermindern. Es folgt dann die Begründung für die Ermäßigung der einzelnen Gebührensätze, welche hier nicht weiter in Betracht kommen.

Wenn man von dem für die Rechtsanwaltschaft nicht gerade besonders wohlwollenden Tone absieht, so sind es zwei Punkte in der vorerwähnten Motiven, welche den Stand vorzugsweise interessiren, nämlich: 1. die Verweisung der Rechtsanwälte auf das Notariat und das Betreiben von Nebengeschäften; 2. die beabsichtigte Verminderung der Zahl der Rechtsanwälte.

Daß gerade dieses Durcheinander von Geschäften die Klippe ist, an der die freie Advokatur schließlich scheitern muß, wurde bereits genügend hervorgehoben, so daß einfach darauf verwiesen werden kann. Vgl. S. 105 ff. Es bleibt nur noch das gefährliche Mittel, durch Herabsetzung der Gebühren der Ueberfüllung zu steuern, zu erörtern. In dieser Beziehung sei zunächst auf von Ramdohr verwiesen, der in seinem, im Anfang dieses Jahrhunderts verfaßten, aber durchaus nicht veralteten Werke sich über zu niedere Gebühren (S. 295 u. 296) folgendermaßen ausläßt:[8] „Es scheint mir, daß man bei allen wirklich publicirten und in Vorschlag gebrachten Taxen für die Parteien zu einseitig von dem Grundsatze ausgegangen ist: die Parteien müssen so wohlfeil als möglich vertheidigt werden! Freilich gedrückt dürfen sie nicht werden. Aber wenn es überhaupt noch sehr problematisch bleibt, ob eine zu wohlfeile Justizpflege einem Lande vortheilhafter sei, so bleibt es wenigstens gewiß eine übelverstandene Milde für die Parteien, die Advokaten durch gesetzliche Beschränkungen des Verdienstes zu dessen ungesetzlicher Vermehrung aufzufordern! Erwiesen ist die Nothwendigkeit der Advokaten bei einer guten Justizverfassung, erwiesen der Satz, daß sie als Künstler von den Parteien, nicht vom Staate besoldet werden müssen, erwiesen, daß ihr Ansehen, ihre Rechtlichkeit großentheils von ihrer Wohlhabenheit abhängt. Daraus folgt, daß sie von ihrem Verdienste müssen leben können, nothdürftig und im Verhältniß zu ihrer Lage und Bestimmung. Ich kann nicht sowohl fragen: wie viel ist des Advokaten Arbeit im Einzelnen werth? als vielmehr: was ist seine Bestimmung im Staate werth? Nicht sowohl: welchen Werth hat die Ueberzeugung, gut vertheidigt zu werden, für die einzelne Partei? als vielmehr: welchen Werth hat eine Anstalt, die allen Unterthanen hilft zu jener Ueberzeugung? Daher die Nothwendigkeit, daß der Advokat so belohnt werde, daß er seine Bestimmung

---

[8] Vgl. übrigens auch die Einleitung zu den Motiven zur Gebührenordnung, abgedruckt bei Walter, a. a. O., S. 4.

nicht leicht verfehle. Daher die Nothwendigkeit, daß alle Parteien einen solchen Beitrag zu der Erhaltung des einzelnen Vertheidigers liefern, der hinreichend ist, die ganze Anstalt zu erhalten. . . . . . Enthält die höhere Taxe auch einen Druck auf die Parteien, sie führt wenigstens das Lindernde eines gewissen Zieles mit sich, auf das man hofft: einer gewissen Ordnung, an die man sich gewöhnt."

Gewiß birgt die freie Rechtsanwaltschaft Gefahren in sich, aber die Herabminderung der Anwaltsgebühren beseitigt dieselben nicht. Mag auch der Eine oder Andere dadurch abgehalten werden, in den Stand einzutreten, so werden durch dieselbe besonders die vorhandenen Anwälte betroffen, die meist nicht in der Lage sind, einen Berufswechsel vorzunehmen. Gerade die freie Rechtsanwaltschaft bedingt höhere Gebühren[9] und zwar um so mehr, als sie im Interesse der Rechtspflege auf ihre eigentliche Berufsthätigkeit, die Proceßprokuratur und Advokatur, beschränkt bleiben muß. Bedenkt man nun weiter, daß durch Erhöhung der Lebensmittelpreise und andere Faktoren die Existenzbedingungen immer schwieriger werden, so darf jedenfalls eine Herabminderung der gegenwärtigen Gebühren unter keinen Umständen erfolgen.

Zum Schlusse sei noch eine Bestimmung der Gebührenordnung angeführt, deren Aufhebung aus dem Eingangs erwähnten Gesichtspunkte gefordert werden muß. Es ist dies § 93, Abs. 2, wornach für Abweichungen von der Gebührenordnung auf Grund eines mit der Partei abgeschlossenen Vertrages Schriftlichkeit gefordert wird. Mit Recht wird darin ein Mißtrauen gegen den Anwaltsstand erblickt,[10] weshalb auch vom Anwaltstag in Hamburg ein auf deren Aufhebung gerichteter Antrag angenommen wurde.[11]

---

[9] Hänle in der juristischen Wochenschrift von 1887, Nr. 20—23, S. 175.

[10] Prischl, a. a. O., S. 367; Löwenfeld in den Verhandlungen des 11. Anwaltstages, S. 30.

[11] Verhandlungen, S. 38.

Druckerei der „Straßb. Neuesten Nachrichten", A.-G., vorm. H. L. Kayser.

FSC
www.fsc.org
MIX
Papier | Fördert gute Waldnutzung
FSC® C083411

Kolibri 360 GmbH
Ferdinand-Jühlke-Straße 7
99095 Erfurt, Deutschland
produktsicherheit@kolibri360.de